DINOSAURIOS

150 ANIMALES PREHISTÓRICOS, DE PEQUEÑOS A GRANDES

ROC OLIVÉ

WITHDRAWN

ediciones
Lectio

Dinosaurios

Durante más de un siglo los dinosaurios han fascinado tanto a los científicos como al público en general, a jóvenes y viejos. La palabra *dinosaurio* significa 'lagarto terrible' y sintetiza la impresión que nos producen. Si bien algunos fueron los animales más grandes que nunca han pisado nuestro planeta, otros muchos eran pequeños y ágiles. Los dinosaurios eran reptiles pero, al contrario que los reptiles actuales, tenían las patas situadas en posición vertical por debajo del cuerpo, como los mamíferos, y no hacia los costados, como la mayor parte de los reptiles. Los primeros dinosaurios fueron originariamente pequeños animales bípedos, aunque muchas especies posteriores adquirieron una postura cuadrúpeda y aumentaron enormemente su tamaño.

Durante los últimos años se han acumulado pruebas científicas muy contundentes de que pequeños dinosaurios carnívoros dieron origen a las aves durante el período Jurásico. De ahí que, actualmente, las aves estén clasificadas dentro del grupo de los dinosaurios.

Se confunde frecuentemente a los dinosaurios con otros tipos de reptiles antiguos, como los alados pterosaurios, y los reptiles acuáticos ictiosaurios, plesiosaurios y mosasaurios, que también aparecen en este libro, aunque ninguno de éstos era realmente un dinosaurio.

Los dinosaurios vivieron durante la era Mesozoica, que abarca más de 160 millones de años, desde el período Triásico medio, hace 230 millones de años, hasta el final del período Cretácico, hace 65 millones de años, cuando un gran asteroide colisionó con la Tierra y destruyó una tercera parte de toda la vida del planeta, incluyendo los pterosaurios, los reptiles marinos y todos los dinosaurios, exceptuando las aves.

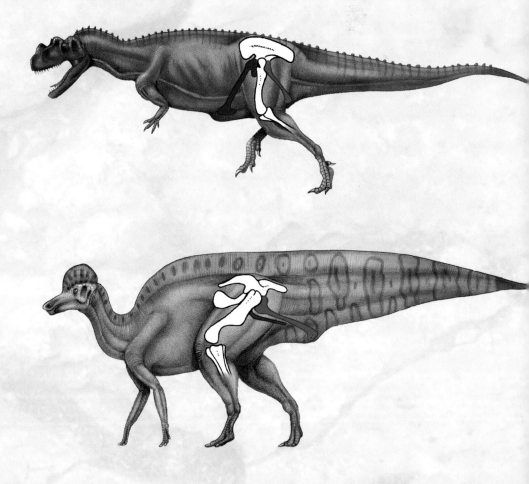

DOS GRANDES GRUPOS

Los dinosaurios se clasifican en dos grandes grupos, según la posición de los huesos de su cadera. Los Saurischia o 'cadera de reptil' agrupan a todos los carnívoros y a los dinosaurios de cuello largo o saurópodos y sus antepasados los prosaurópodos. Los Saurischia presentan el hueso púbico (rojo) hacia adelante y el hueso isquion (azul) hacia atrás. Los Ornithischia o 'cadera de ave' agrupan a todos los herbívoros ornitopódos, tireóforos y marginocéfalos; éstos presentan el hueso púbico (rojo) y el isquion (azul) hacia atrás.

CLASIFICACIÓN DE LOS DINOSAURIOS

Todos los dinosaurios evolucionaron a partir de un antecesor común y no tardaron en divergir en dos
líneas evolutivas: los Ornithischia y los Saurischia. Éstas, a su vez, se subdividieron en muchas familias.

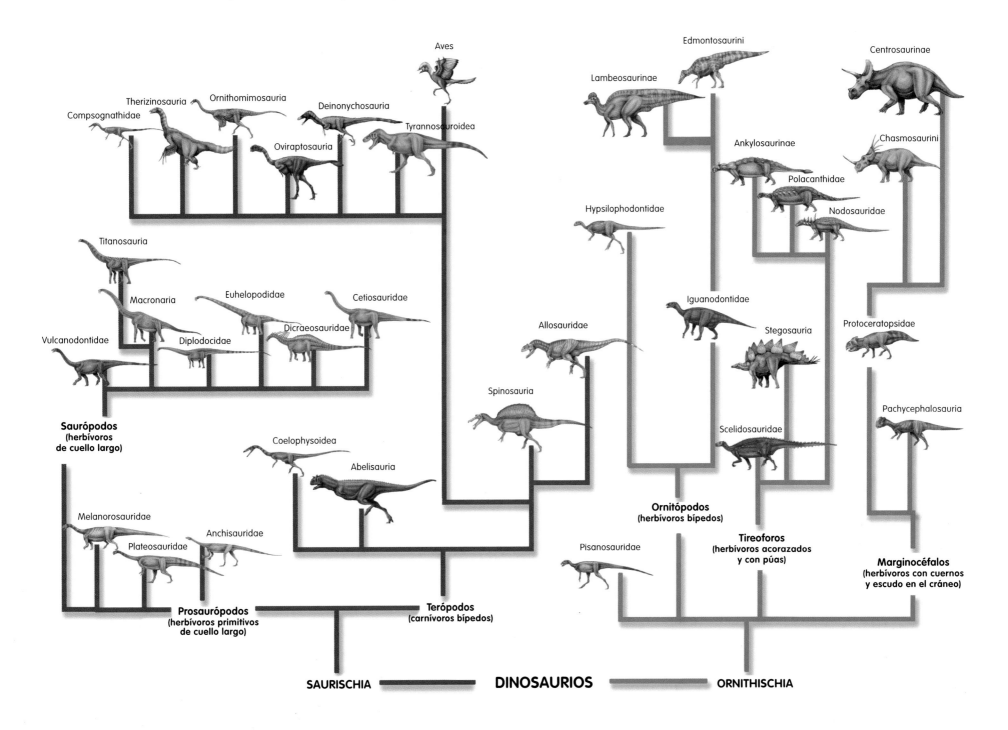

DE 0-1 METROS

1

LIAOXIORNIS
(PÁJARO DE LIAONING)

La más pequeña de todas las aves primitivas conocidas. Se le conoce por un esqueleto completo encontrado en China que data de hace 130 millones de años. Algunos científicos piensan que el esqueleto encontrado pertenece a un polluelo. Liaoxiornis era un ave que se alimentaba de insectos, era un volador activo.

LONGITUD: 8 centímetros

2

EPIDEXIPTERYX
(ABANICO DE PLUMAS)

Dinosaurio carnívoro, terópodo. Vivió hace 140 millones de años en lo que hoy es China. Epidexipteryx tiene dientes solamente en la parte frontal de las mandíbulas; éstos son inusualmente largos y proyectados hacia adelante. Se desconoce su utilidad. En la cola tenía unas plumas largas que utilizaba exclusivamente como reclamo durante la época de apareamiento, como hace hoy en día el pavo real.

LONGITUD: 30 centímetros

3

COMPSOGNATHUS
(MANDÍBULA HERMOSA)

Pequeño dinosaurio carnívoro, terópodo, que vivió hace 150 millones de años en lo que hoy es Europa. Los paleontólogos han encontrado dos fósiles bien preservados de Composgnathus. Incluso los restos de pequeños lagartos, se preservan en los vientres de ambos especímenes.

LONGITUD: 55 centímetros

4

EPIDENDROSAURUS
(REPTIL DE LOS ÁRBOLES)

Pequeño dinosaurio carnívoro, terópodo, que vivía en los árboles aunque no era capaz de volar. El epidendrosaurio vivió hace 150 millones de años en lo que hoy es China. El tercer dedo de Epidendrosaurus es muy largo y es probable que lo utilizara para extraer larvas de insectos de los huecos de los árboles.

LONGITUD: 15 centímetros

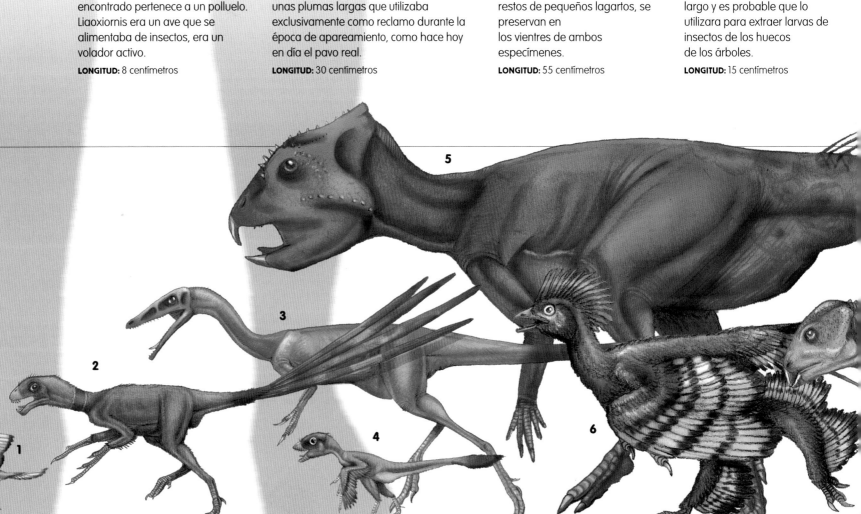

Línea temporal   **TRIÁSICO**

JURÁSICO

251

199

⑤ ARCHAEOCERATOPS
(CARA CON CUERNOS ANTIGUA)

Dinosaurio herbívoro marginocéfalo cornudo, aunque Archaeoceratops es tan primitivo que aún no había desarrollado tales estructuras defensivas. Su principal defensa era una rápida carrera, pues podía desplazarse de forma bípeda o cuadrúpeda. Vivió hace 130 millones de años en China.

LONGITUD: 70 centímetros

⑥ ANCHIORNIS
(CASI AVE)

Dinosaurio carnívoro, terópodo, que vivió a finales del período Jurásico, hace 155 millones de años, en lo que hoy es China. Debido a la exquisita preservación de uno de los fósiles de estos animales, Anchiornis se convirtió en el primer dinosaurio del cual se determinó su entera coloración en vida, que era blanca, negra y con una cresta roja.

LONGITUD: 40 centímetros

⑦ MICROPACHYCEPHALOSAURUS
(PEQUEÑO REPTIL DE CABEZA GRUESA)

Dinosaurio herbívoro marginocéfalo de cabeza gruesa. Es el dinosaurio con el nombre más largo. Vivió hace 70 millones de años en China. Tiene la parte trasera del cráneo engrosada formando una cúpula baja; ésta es muy dura y le servía para competir con otros machos de su especie por el liderazgo de la manada.

LONGITUD: 50 centímetros

⑧ PISANOSAURUS
(REPTIL DE PISANO)

El dinosaurio herbívoro ornitópodo más primitivo. Vivió a finales del período Triásico, hace 220 millones de años, en lo que hoy es Sudamérica. Fue presa de dinosaurios carnívoros; éstos habían aparecido 10 millones de años antes, también en Sudamérica.

LONGITUD: 90 centímetros

⑨ ARCHAEOPTERYX
(ALA ANTIGUA)

Una de las aves más primitivas que se conocen. Vivió hace 150 millones de años en Europa. Sus características permiten convertirlo en el modelo más claro para estudiar la transición entre dinosaurios y aves. No se sabe con certeza si podía batir las alas con fuerza y realizar un vuelo completo, o sólo un planeo.

LONGITUD: 45 centímetros

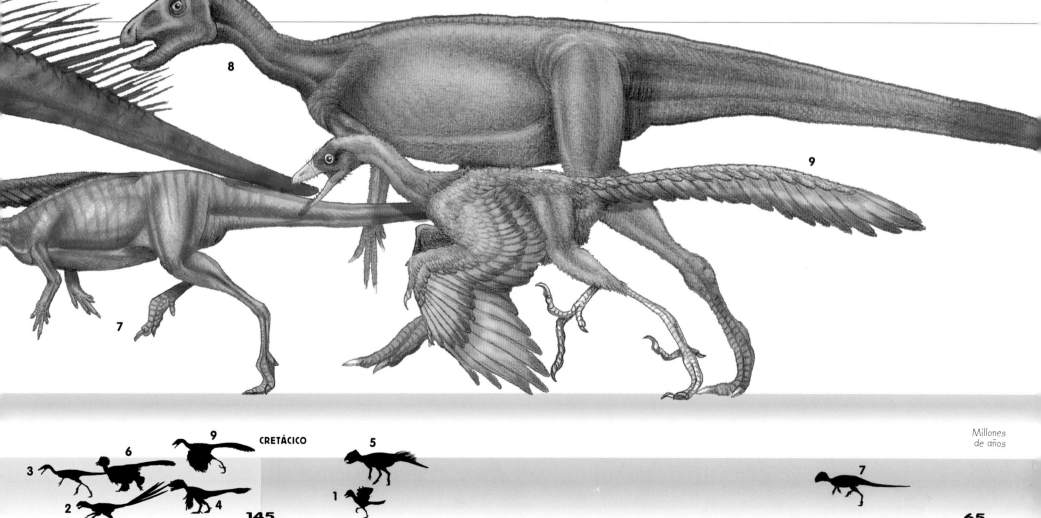

Millones de años

CRETÁCICO

145

65

DE 1 a 3 METROS

① DILONG
(DRAGÓN EMPERADOR)

Dinosaurio carnívoro, terópodo, encontrado en China. Vivió hace 135 millones de años. Está estrechamente emparentado con el Tyrannosaurus, aunque es mucho más primitivo y pequeño. Dilong presentaba un plumaje que no le permitía volar; seguramente su función era la de conservar el calor corporal.

LONGITUD: 1,6 metros

② FULGUROTHERIUM
(BESTIA DEL RAYO)

Dinosaurio herbívoro ornitópodo ágil perteneciente al grupo de los llamados 'dinosaurios gacela' o Hypsilifodontidos. Vivió hace 134 millones de años en lo que hoy es Australia. En un principio se pensó que se trataba de un terópodo carnívoro. Vivía en manadas y tenía un pico córneo para desgajar hojas.

LONGITUD: 1,2 metros

③ BEIPIAOSAURUS
(REPTIL DE BEIPIAO)

Dinosaurio omnívoro perteneciente al grupo de los terópodos. Vivió en lo que hoy es China hace 130 millones de años. Beipiaosaurus tiene un pico desdentado. Las impresiones de la piel indican que su cuerpo estaba cubierto por fibras similares a plumas suaves.

LONGITUD: 2 metros

④ VELOCIRAPTOR
(CAZADOR VELOZ)

Vivió en lo que hoy es Mongolia, hace 70 millones de años. Es un pequeño cazador terópodo provisto de una garra curvada en el tercer dedo de cada pie que utilizaba para apuñalar a sus presas. Cazaba en grupos. Una característica notable del velociraptor es que estaba cubierto de plumas, aunque nunca pudo volar.

LONGITUD: 1,8 metros

Línea temporal   **TRIÁSICO**   **JURÁSICO**

5 ANCHISAURUS
(REPTIL CERCANO)

Vivió hace 200 millones de años en lo que hoy es Norteamérica y posiblemente en otros lugares del mundo. Anchisaurus era un herbívoro primitivo de cuello largo o prosaurópodo que caminaba a dos o a cuatro patas alimentándose de la vegetación que arrancaba ayudándose de su gran pulgar, que también utilizaba como arma defensiva.

LONGITUD: 2,6 metros

6 BAGACERATOPS
(CARA DE PEQUEÑOS CUERNOS)

Vivió en lo que hoy es China hace 80 millones de años. Pertenece al grupo de los dinosaurios marginocéfalos con cuernos. Es bastante primitivo y no tenía ningún cuerno pero sí una pequeña prominencia en el hocico.

LONGITUD: 1 metro

7 COELOPHYSIS
(FORMA HUECA)

Dinosaurio carnívoro, terópodo, muy primitivo, que vivió en lo que hoy son los Estados Unidos de América hace 215 millones de años. Durante mucho tiempo se pensó que el Coelophysis era caníbal, ya que se habían encontrado especímenes juveniles "dentro" de las cavidades abdominales de algunos adultos, pero más tarde se descubrió que los restos de las supuestas crías pertenecían a pequeños reptiles que formaban parte de su dieta.

LONGITUD: 3 metros

8 MINMI
(DE MINMI, UN ACANTILADO AUSTRALIANO)

Vivió en lo que hoy es Australia hace 130 millones de años. Minmi es uno de los dinosaurios tireóforos acorazados más pequeños. Existen evidencias directas sobre la alimentación de Minmi, ya que encontraron el contenido intestinal de un espécimen que consistía en fibras vegetales, frutas y semillas esféricas de helechos.

LONGITUD: 1,5 metros

9 CAUDIPTERYX
(COLA EMPLUMADA)

Un extraño dinosaurio omnívoro perteneciente al grupo de los terópodos que vivió en lo que hoy es China hace 125 millones de años. La cola del Caudipteryx se desplegaba actuando como estabilizador cuando corría, aunque también podía haber servido para asustar a los enemigos o para atraer a la pareja.

LONGITUD: 1 metro

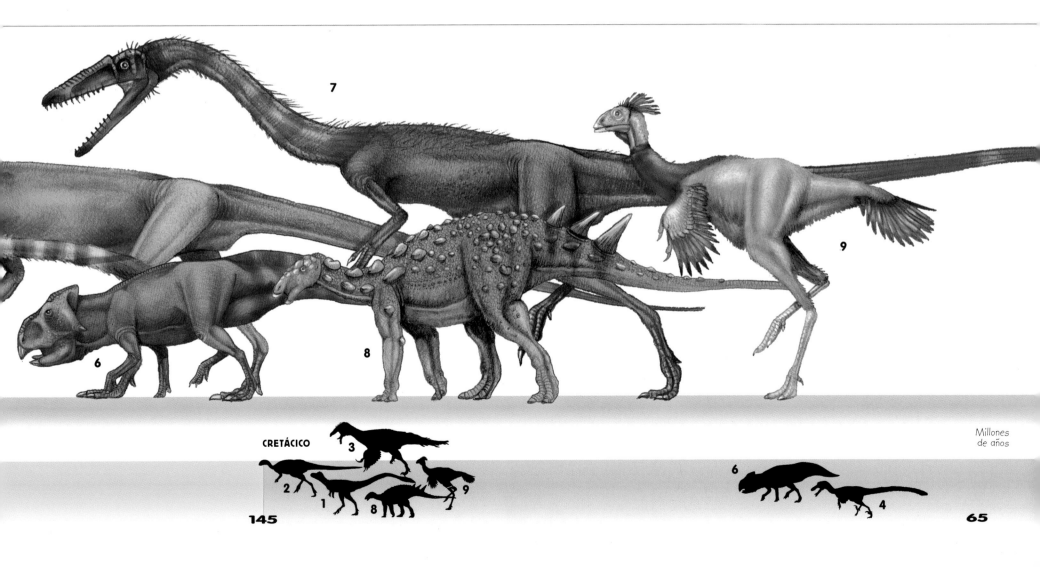

CRETÁCICO

Millones de años

145

65

DE 3 a 6 METROS

❶ SCELIDOSAURUS
(REPTIL EXTREMIDADES)

Al ser uno de los tireóforos o dinosaurios acorazados más primitivos, la clasificación exacta del escelidosaurio dentro de una familia ha sido tema de debate. Finalmente se le incluyó dentro de una familia propia, los escelidosáuridos. Vivió a principios del período Jurásico, hace entre 208 y 194 millones años, en lo que hoy es Europa y Norteamérica. Era un herbívoro cuadrúpedo y en ocasiones bípedo.

LONGITUD: 4 metros

❷ CERATOSAURUS
(REPTIL CON CUERNO)

Dinosaurio carnívoro o terópodo que vivió a finales del período Jurásico, hace entre 152 y 145 millones de años, en lo que es hoy Norteamérica, África y Europa. Su cola tiene la forma de la de un cocodrilo. Esto sugiere que fue un buen nadador que cazaba presas acuáticas, como peces y reptiles, aunque también tuvo potencial para alimentarse de grandes dinosaurios.

LONGITUD: 6 metros

❸ TETHYSHADROS
(HADROSAURUS DEL MAR DE TETIS)

Dinosaurio herbívoro ornitópodo de pico de pato que vivió a finales del período Cretácico hace 70 millones de años, en lo que es hoy Europa. Su pequeño tamaño es debido al proceso de enanismo insular que experimentan algunos organismos que viven en islas. El lugar donde se encontró habría pertenecido a la isla Adriático-Dinárica, una de las mayores islas del archipiélago europeo.

LONGITUD: 3,3 metros

❹ STYRACOSAURUS
(REPTIL ESPINOSO)

Vivió a finales del Cretácico, hace 75 millones de años, en lo que es hoy Norteamérica. Era un herbívoro marginocéfalo cornudo muy bien armado pues el gran cuerno de su nariz llegó a medir más de 60 centímetros de largo. Este dinosaurio pudo haber vivido en grupos viajando en grandes manadas.

LONGITUD: 5,5 metros

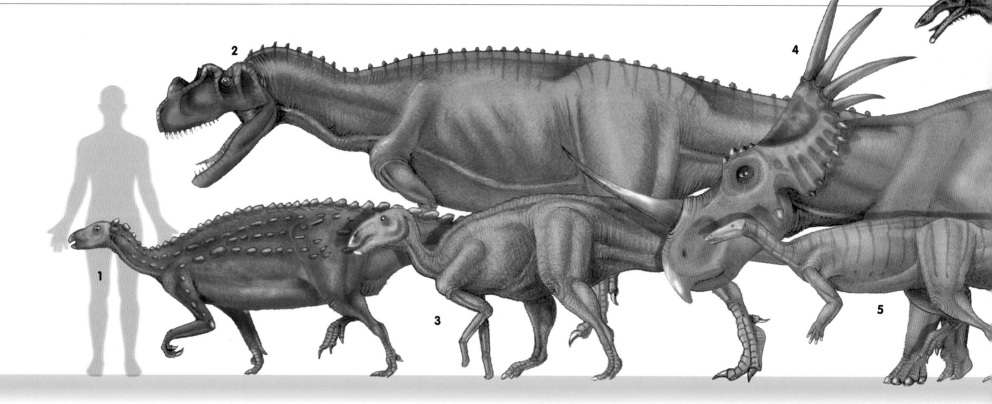

Línea temporal **TRIÁSICO**　　　　　　　　　**JURÁSICO**

⑤ THESCELOSAURUS
(REPTIL MARAVILLOSO)

Dinosaurio ornitópodo herbívoro perteneciente a los llamados 'dinosaurios gacela' o Hypsilifodontes, que vivió a finales del período Cretácico, hace entre 73 y 67 millones de años, en lo que hoy es Norteamérica. Un espécimen desenterrado en 1993 en Dakota del Sur atrajo la atención de los medios porque encontraron en el fósil marcas del corazón.

LONGITUD: 4 metros

⑥ GALLIMIMUS
(IMITADOR DE GALLINA)

Dinosaurio omnívoro, terópodo, que vivió a finales del período Cretácico, hace entre 83 y 65 millones de años, en lo que hoy es Asia. Debido a su constitución ligera y a sus largas patas traseras estaba adaptado para la carrera y alcanzaba una velocidad máxima de 60 km/h. Hoy se tiene constancia de que tenía alas y plumas, aunque no podía volar.

LONGITUD: 6 metros

⑦ GASTONIA
(DE ROBERT GASTON)

Dinosaurio tireóforo acorazado que vivió a principios del período Cretácico, hace 125 millones de años, en lo que hoy es Norteamérica. Presenta una fuerte coraza que le cubre todo el lomo, especialmente reforzada en la parte del sacro. Tiene, también, una serie de largas espinas. Sin embargo, no se ha podido determinar aún cuántas eran ni su distribución sobre la coraza.

LONGITUD: 5 metros

⑧ EUROPASAURUS
(REPTIL DE EUROPA)

Dinosaurio herbívoro de cuello largo o saurópodo que vivió a finales del Jurásico, hace 150 millones de años, en lo que hoy es Europa. Ha sido identificado como un ejemplo de enanismo insular, resultado del aislamiento en una isla dentro de la cuenca de la Baja Sajonia. Los fósiles hallados pertenecientes a varios Europasaurus que murieron juntos lleva a creer que vivían en manadas.

LONGITUD: 6 metros

⑨ STEGOCERAS
(TECHO CÓRNEO)

Dinosaurio herbívoro marginocéfalo de cabeza gruesa. Vivió a finales del período Cretácico, hace 80 millones de años, en lo que hoy es Norteamérica. En un principio se creyó que usaban sus fuertes cráneos para embestirse unos a otros en la época de apareamiento, pero la forma redondeada del techo del cráneo disminuiría el área superficial de contacto durante los cabezazos, dando por resultado golpes en falso.

LONGITUD: 3 metros

CRETÁCICO

Millones de años

145

65

DE 6 a 9 METROS

1 CHASMOSAURUS
(REPTIL CON APERTURAS)

Herbívoro marginocéfalo cornudo provisto de una enorme gorguera que cubría hombros y cuello y que utilizaba para disuadir a los depredadores y atraer a su pareja. Vivió a finales del período Cretácico, hace 70 millones de años, en lo que hoy es Norteamérica.

LONGITUD: 6 metros

2 GIGANTORAPTOR
(LADRÓN GIGANTE)

Dinosaurio omnívoro, terópodo. Al igual que los pájaros tiene un pico sin dientes y, aunque no se tiene ninguna evidencia directa de que tenía plumas, se puede deducir basándonos en el hecho que Gigantoraptor era un miembro de la familia de los oviraptorosaurios, grupo conocido por incluir muchas especies emplumadas. Vivió a finales del período Cretácico, hace 80 millones de años, en lo que hoy es Asia.

LONGITUD: 8 metros

3 TUOJIANGOSAURUS
(REPTIL DE TUOJIANG)

Dinosaurio herbívoro, tireóforo, con púas, que vivió a finales del período Jurásico, hace entre 157 y 152 millones de años, en lo que hoy es Asia. Tiene dos filas de púas a lo largo de la espalda. También presenta dos púas a cada lado del extremo de la cola que utilizaba como defensa.

LONGITUD: 6 metros

4 SAUROPELTA
(REPTIL ESCUDO)

Herbívoro, tireóforo acorazado que vivió a mediados del período Cretácico, hace entre 110 y 99 millones de años, en lo que hoy es Norteamérica. Su cuerpo esta provisto de una coraza dura reforzada por enormes espinas que eran una eficaz defensa ante los ataques de los depredadores. Su único punto débil era su abdomen, de modo que su táctica defensiva consistía en agacharse y clavar sus patas en el suelo para que no lo pudieran girar.

LONGITUD: 6 metros

⑤ CARNOTAURUS
(TORO CARNÍVORO)

Dinosaurio carnívoro, terópodo. Lo más notable de este dinosaurio es la presencia de dos pequeños cuernos sobre los ojos. Es el único dinosaurio carnívoro que muestra esta característica, aunque no conocemos su utilidad. También se hallaron impresiones fósiles de la piel que presentaban pequeños tacos óseos. Vivió a finales del período Cretácico, hace entre 71 y 65 millones de años, en lo que hoy es Sudamérica.

LONGITUD: 7,5 metros

⑥ IGUANODON
(DIENTE DE IGUANA)

Dinosaurio herbívoro ornitópodo que vivió a principios período Cretácico, hace entre 130 a 120 millones de años, en lo que hoy es Europa. Iguanodon está a medio camino entre los primitivos hipsilofodóntidos, o 'dinosaurios gacela', bípedos y rápidos, y la culminación de los ornitópodos en los dinosaurios de pico de pato, los hadrosáuridos. Su principal característica son sus grandes garras en los pulgares, que utilizaba para defenderse de los depredadores.

LONGITUD: 9 metros

⑦ TSINTAOSAURUS
(REPTIL DE TSTINGTAO)

Herbívoro ornitópodo de pico de pato. Vivió a finales del período Cretácico, hace 70 millones de años, en lo que hoy es Asia. Es conocido como el 'dinosaurio unicornio', pues tiene una cresta en forma de cuerno sobre su frente, aunque aún hay dudas de la función de ésta; tal vez sostenía una especie de vela que probablemente pudo haberle servido durante el cortejo para encontrar una hembra.

LONGITUD: 8 metros

⑧ PLATEOSAURUS
(REPTIL PLANO)

Dinosaurio herbívoro primitivo de cuello largo o prosaurópodo que caminaba a dos o a cuatro patas. Vivió a finales del período Triásico, hace entre 214 y 204 millones de años, en lo que hoy es Europa y Groenlandia. En el pulgar de cada mano presenta una gran garra que utilizaba probablemente para defenderse y para recoger el alimento.

LONGITUD: 8 metros

⑨ MEGALOSAURUS
(REPTIL GRANDE)

Dinosaurio carnívoro, terópodo, que vivió a finales del período Jurásico, hace 166 millones de años, en lo que hoy es Europa y posiblemente también en América, Asia y África. Es el primer dinosaurio descrito y fue nombrado por primera vez en 1827. Durante mucho tiempo el término *megalosaurio* fue una especie de "cajón de sastre" usado para clasificar muchas clases de grandes terópodos. En los últimos años, la mayor parte de las especies clasificadas en este grupo han sido excluidas.

LONGITUD: 6 metros

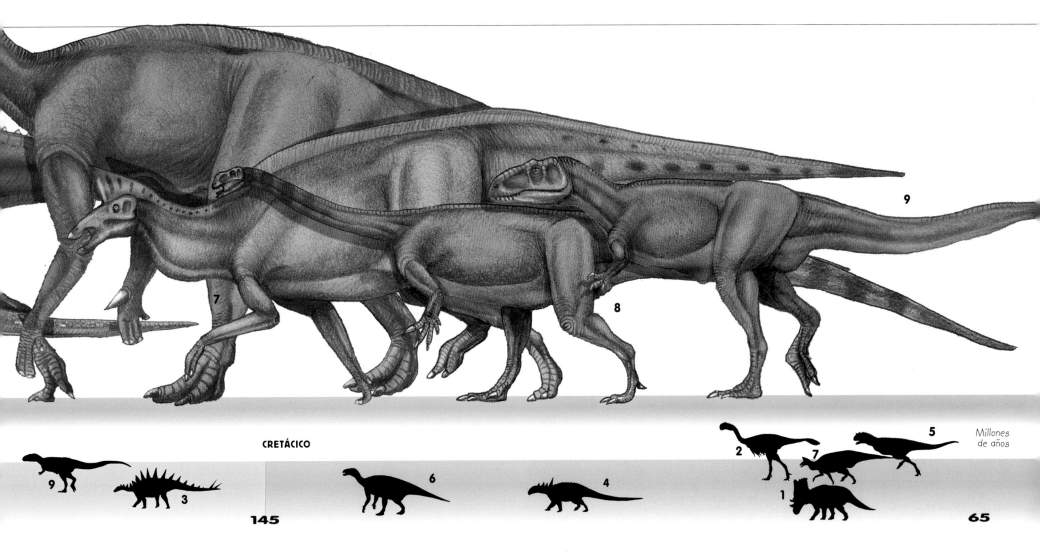

CRETÁCICO

145

65

Millones de años

DE 9 A 12 METROS

① ANKYLOSAURUS
(REPTIL ACORAZADO)

Dinosaurio herbívoro tireóforo acorazado, que vivió a finales del período Cretácico, hace entre 68 y 65 millones de años, en lo que hoy es Norteamérica. Al igual que otros miembros de su familia, en alquilosaurio se distingue por su pesada armadura y un gran mazo caudal. Aunque sus restos fósiles son escasos, Ankylosaurus es considerado el dinosaurio acorazado más grande, destacado y representativo.

LONGITUD: 10 metros

② ALLOSAURUS
(REPTIL DIFERENTE)

Dinosaurio carnívoro, terópodo, que vivió a finales del período Jurásico, hace entre 156 y 144 millones de años, en lo que hoy es Norteamérica y Europa, aunque también se han encontrado fósiles en África y Asia. El gran número de restos de alosaurio encontrados en un mismo sitio hace pensar que formaba grupos para cazar enormes dinosaurios de cuello largo que compartieron el paisaje con él.

LONGITUD: 12 metros

③ TRICERATOPS
(CARA CON TRES CUERNOS)

Dinosaurio herbívoro marginocéfalo cornudo, que vivió a finales del período Cretácico, hace entre 68 y 65 millones de años, en lo que hoy es Norteamérica. Triceratops es uno de los más reconocidos de todos los dinosaurios. La función de la gorguera que rodea su cuello era defensiva, aunque también era utilizada durante el cortejo y en exhibiciones de dominancia.

LONGITUD: 9 metros

④ THERIZINOSAURUS
(REPTIL GUADAÑA)

Dinosaurio terópodo, que vivió a finales del período Cretácico, hace entre 70 y 65 millones de años, en lo que hoy es Asia. Presenta unas gigantescas garras en las manos, de 70 cm cada una. Los hábitos alimenticios de Therizinosaurus son desconocidos, es posible que el Therizinosaurus fuera herbívoro, que utilizara sus enormes garras para llevarse las ramas hacia la boca y como defensa contra los depredadores.

LONGITUD: 9 metros

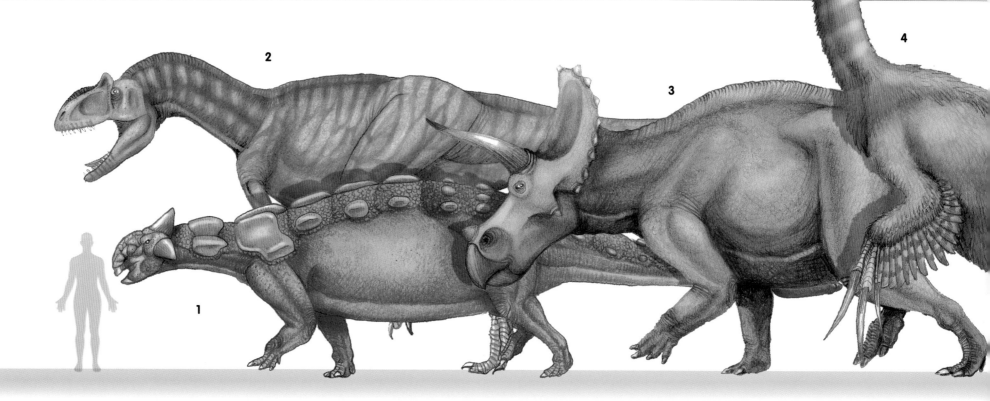

Línea temporal **TRIÁSICO**

JURÁSICO

5

PARASAUROLOPHUS
(CERCANO AL REPTIL CRESTADO)

Dinosaurio herbívoro ornitópodo de pico de pato, que vivió a finales del período Cretácico, hace entre 83 y 71 millones de años, en lo que hoy es Norteamérica. Era un herbívoro que caminaba tanto de manera bípeda como cuadrúpeda. Parasaurolophus presenta una extraña cresta en la cabeza, que utilizaba como resonador acústico, para comunicarse a largas distancias.

LONGITUD: 10 metros

6

BRACHYLOPHOSAURUS
(REPTIL DE CRESTA CORTA)

Dinosaurio herbívoro ornitópodo de pico de pato que vivió a finales del período Cretácico, hace entre 83 y 71 millones de años, en lo que es hoy Norteamérica. Presenta una pequeña cresta ósea y una placa como una paleta sobre el techo del cráneo. Algunos investigadores han sugerido que esta estructura servía para empujarse en combates entre machos rivales.

LONGITUD: 11 metros

7

STEGOSAURUS
(REPTIL TEJADO)

Dinosaurio herbívoro tireóforo acorazado que vivió a finales del período Jurásico, hace entre 156 y 144 millones de años, en lo que hoy es América del Norte. Su arsenal de placas y de púas ha sido tema de muchas conjeturas. Las espinas fueron utilizadas muy probablemente para la defensa, mientras que las placas, a parte de servir como mecanismo defensivo, también se ha propuesto que eran una estructura de exhibición y placas de termorregulación.

LONGITUD: 9 metros

8

BARYONYX
(GARRA PESADA)

Dinosaurio carnívoro terópodo, que vivió a mediados del período Cretácico, hace 125 millones de años, en lo que es hoy Europa y posiblemente África. Es uno de los pocos dinosaurios piscívoros conocidos, con adaptaciones especializadas para el caso, un hocico largo y estrecho, con las mandíbulas llenas de dientes acerados y garras como ganchos que le eran muy útiles para agarrar los resbaladizos peces.

LONGITUD: 9 metros

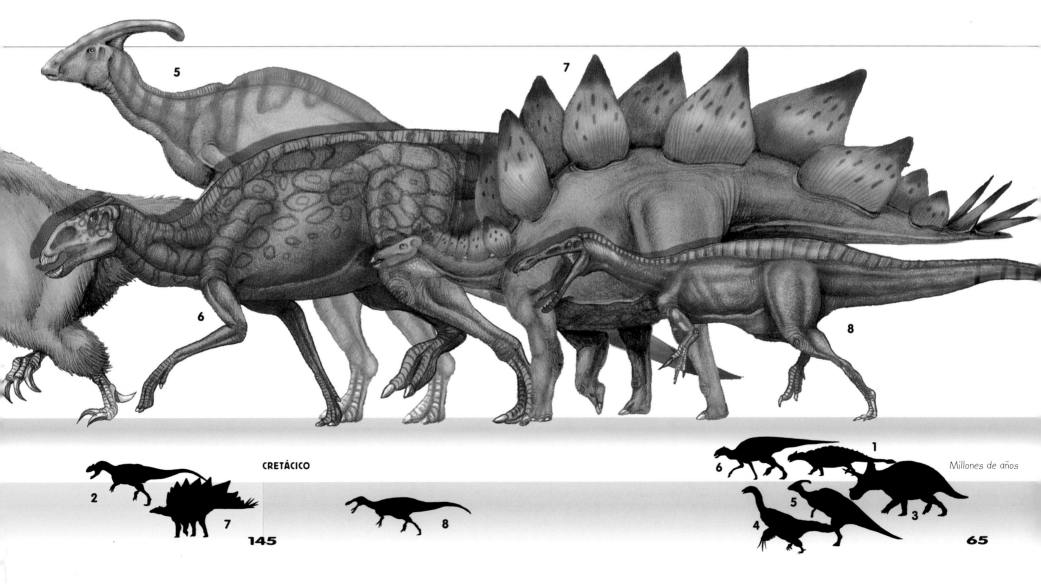

CRETÁCICO

Millones de años

145

65

DE 12 A 15 METROS

① MELANOROSAURUS
(REPTIL DE LA MONTAÑA NEGRA)

Dinosaurio primitivo de cuello largo o prosaurópodo. Vivió a finales del período Triásico, hace 210 millones de años, en lo que hoy es África. Este gran herbívoro presenta unos miembros robustos, por lo que probablemente caminó únicamente a cuatro patas, como hacían los dinosaurios de cuello largo o saurópodos posteriores.

LONGITUD: 12 metros

② GIGANOTOSAURUS
(REPTIL GIGANTE)

Dinosaurio carnívoro, terópodo, que vivió a mediados del período Cretácico, hace 96 millones de años, en lo que hoy es Sudamérica. Su cráneo es el más grande entre los terópodos, incluso desproporcionado, ya que llega a medir entre 180 y 190 cm de largo. Tiene dientes curvos y serrados, muy útiles para desgarrar la carne. Su cerebro tenía forma de banana y era más pequeño que el de otros grandes carnívoros.

LONGITUD: 14 metros

③ SHANTUNGOSAURUS
(REPTIL DE SHANTUNG)

Dinosaurio herbívoro ornitópodo de pico de pato, que vivió a finales del período Cretácico, hace 75 millones de años, en Asia. Podía avanzar sobre las patas traseras provistas de cascos, pero también sobre las cuatro patas, ya que sus manos estaban terminadas en cascos. Presenta un ancho pico sin dientes, con el que recogía las plantas y las trituraba, sirviéndose de alrededor de 1.500 diminutos dientes que tiene en sus carrillos.

LONGITUD: 15 metros

④ TYRANNOSAURUS
(REPTIL TIRANO)

Dinosaurio carnívoro, terópodo, que vivió a finales del período Cretácico, hace entre 67 y 65 millones de años, en lo que hoy es Norteamérica. Fue uno de los últimos dinosaurios en existir, antes de la extinción masiva del Cretácico. En relación con sus largos y poderosos miembros traseros, los miembros delanteros son muy pequeños. El debate de si tiranosaurio era un depredador dominante o un carroñero es uno de los más largos en la paleontología.

LONGITUD: 12 metros

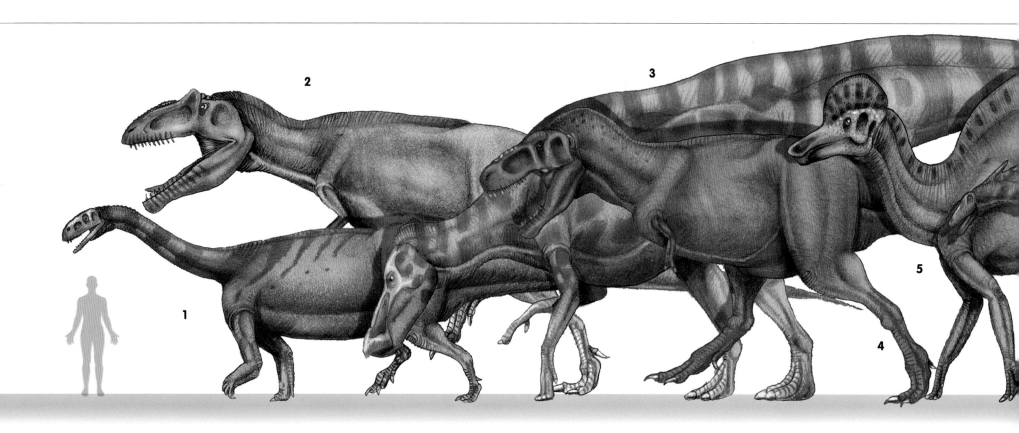

Línea temporal **TRIÁSICO**   **JURÁSICO**

5 MAGNAPAULIA
(GRAN PAUL)

Dinosaurio herbívoro ornitópodo de pico de pato, que vivió a finales del período Cretácico, hace 75 millones de años, en lo que hoy es Norteamérica. Algunos científicos piensan que su cola alta y estrecha era una adaptación para nadar, otros consideran que ésta presentaba vivos colores y era utilizada a modo de reclamo durante la época de apareamiento.

LONGITUD: 14 metros

6 AMARGASAURUS
(REPTIL DE AMARGA)

Era un dinosaurio de cuello largo o saurópodo que vivió a principios del período Cretácico, hace 130 millones de años, en lo que hoy es Sudamérica. Presenta grandes espinas neurales. Hay una variedad de hipótesis para la función de estas espinas, incluyendo la defensa, la comunicación entre miembros de la misma especie o la regulación de temperatura. Sin embargo, su función verdadera sigue siendo desconocida.

LONGITUD: 13 metros

7 ABROSAURUS
(REPTIL DELICADO)

Era un dinosaurio de cuello largo o saurópodo que vivió a mediados del período Jurásico, hace entre 168 y 161 millones, en lo que hoy es Asia. Su nombre genérico, 'reptil delicado', proviene de la naturaleza de su cráneo, con grandes ventanas separadas por finas barras de hueso, que en vida albergarían grandes fosas nasales en la parte superior del cráneo.

LONGITUD: 12 metros

8 GONGXIANOSAURUS
(REPTIL DE GONGXIAN)

Uno de los dinosaurios de cuello largo o saurópodo más primitivos, vivió a principios del período Jurásico, hace entre 200 y 191 millones de años, en lo que hoy es Asia. La robustez de sus extremidades lo colocan a medio camino entre los prosaurópodos como el melanorosaurus y los grandes saurópodos.

LONGITUD: 12 metros

9 MAPUSAURUS
(REPTIL DE LA TIERRA)

Dinosaurio carnívoro, terópodo, que vivió a mediados del período Cretácico, hace 96 millones de años, en lo que hoy es Sudamérica. La alta concentración de huesos fósiles puede indicar que el mapusaurus habría cazado en grupo, utilizando esquemas de coordinación que le habrían posibilitado dominar y derribar a inmensos herbívoros de cuello largo.

LONGITUD: 12 metros

CRETÁCICO

Millones de años

145

65

DE 15 A 20 METROS

① SPINOSAURUS
(REPTIL CON ESPINAS)

Dinosaurio carnívoro, terópodo, el mayor depredador terrestre de todos los tiempos. Vivió en lo que es actualmente el norte de África en el período Cretácico, hace entre 112 a 97 millones de años. Las espinas que presenta en el lomo probablemente estaban conectadas con piel, formando una vela; sin embargo, algunos científicos afirman que las espinas estaban cubiertas de grasa y formaban una joroba para almacenar agua.

LONGITUD: 16 metros

② TEHUELCHESAURUS
(REPTIL DE TEHUELCHE)

Dinosaurio de cuello largo o saurópodo que vivió a finales del período Jurásico, hace entre 152 y 148 millones de años, en lo que hoy es Sudamérica. Lo más transcendental de su descubrimiento fue encontrar las impresiones de la piel. Éstas corresponden a diferentes partes del cuerpo y revelan que Tehuelchesaurus estaba cubierto por escamas planas de contorno hexagonal.

LONGITUD: 15 metros

③ ALAMOSAURUS
(REPTIL DE ÁLAMO)

Dinosaurio de cuello largo o saurópodo. Vivió a finales del período Cretácico, hace entre 70 y 65 millones de años, en lo que hoy es Norteamérica. Los restos de Alamosaurus están entre los fósiles de dinosaurio más comunes en el Cretácico Superior, en el suroeste de Estados Unidos. A pesar de esto no se conoce material del cráneo, excepto algunos dientes delgados.

LONGITUD: 20 metros

④ ZHUCHENGOSAURUS
(REPTIL DE ZHUCHENG)

Es el dinosaurio herbívoro ornitópodo de pico de pato más grande conocido. Vivió a mediados del período Cretácico, hace 100 millones de años, en lo que hoy es China. Tiene un pico de pato característico con el que recogía las plantas y las trituraba, sirviéndose de miles de diminutos dientes que tiene en sus carrillos.

LONGITUD: 17 metros

3

5

1

2

4

Línea temporal **TRIÁSICO**

JURÁSICO

251

199

5

8

5 CETIOSAURUS
(REPTIL BALLENA)

Dinosaurio de cuello largo o saurópodo que vivió a mediados del período Jurásico, hace entre 181 a 169 millones de años, en lo que hoy es Europa y África. Su nombre se debe a que cuando fue descubierto, el naturalista Sir Richard Owen supuso que se trataba de una criatura marina similar a una ballena. El cetiosaurio vivía en un ambiente de llanuras y bosques abiertos.

LONGITUD: 16 metros

6 AMPELOSAURUS
(REPTIL DE LA VID)

Dinosaurio de cuello largo o saurópodo que vivió a finales del Cretácico, hace 73 millones de años, en lo que hoy es Europa. Presenta una coraza dérmica compuesta por placas óseas y púas que el ampelosaurio utilizaba como defensa.

LONGITUD: 16 metros

7 CAMARASAURUS
(REPTIL DE CÁMARAS)

Dinosaurio de cuello largo o saurópodo que vivió a finales del período Jurásico, hace entre 155 y 144 millones de años, en lo que hoy es Norteamérica. Su nombre se refiere a los huecos que tiene en las vértebras. Vivía en bosques de coníferas donde la vegetación era dura y correosa; por eso, el camarasaurio y otros saurópodos tragaban piedras para ayudar a moler el alimento en el estómago. Cuando éstas eran demasiado lisas, Camarasaurus las eliminaba.

LONGITUD: 18 metros

8 OMEISAURUS
(REPTIL DE OMEI)

Dinosaurio de cuello largo o saurópodo que vivió a mediados del período Jurásico, hace 169 millones de años, en lo que hoy es Asia. El Omeisaurus tiene un cuello muy largo con más vértebras cervicales que la mayoría de saurópodos.

LONGITUD: 15 metros

9 MALAWISAURUS
(REPTIL DE MALAWI)

Dinosaurio de cuello largo o saurópodo que vivió a mediados del período Cretácico, hace 116 millones de años, en lo que hoy es África. Es uno de los pocos saurópodos de los cuales se ha encontrado el cráneo.

LONGITUD: 15 metros

CRETÁCICO

Millones de años

145

65

DE 20 A 30 METROS

① APATOSAURUS
(REPTIL ENGAÑOSO)

Dinosaurio de cuello largo o saurópodo que vivió a finales del período Jurásico, hace entre 154 y 148 millones de años, en lo que es hoy Norteamérica. También conocido con el nombre de Brontosaurus, más popular, pero actualmente descatalogado. Fue el primer gran saurópodo que se montó y se exhibió en un museo.

LONGITUD: 21 metros

② MAMENCHISAURUS
(REPTIL DE MAMENCHI)

Dinosaurio de cuello largo o saurópodo que vivió a finales del período Jurásico, hace 156 millones de años, en lo que hoy es Asia. En relación con el cuerpo, tiene el cuello más largo de todos los animales terrestres. A pesar del gran tamaño del cuello, éste es bastante ligero debido a que algunas áreas del hueso tienen el grosor de la cáscara de un huevo.

LONGITUD: 25 metros

③ DIPLODOCUS
(DOBLE VIGA)

Dinosaurio de cuello largo o saurópodo que vivió a finales del período Jurásico, hace entre 150 y 148 millones de años, en lo que hoy es Norteamérica. Durante muchos años fue el dinosaurio más grande conocido. Su gran tamaño servía para mantener a raya a grandes depredadores de su hábitat como los alosaurios y los ceratosaurios.

LONGITUD: 27 metros

④ FUTALOGNKOSAURUS
(REPTIL JEFE GIGANTE)

Dinosaurio de cuello largo saurópodo, que vivió a finales del período Cretácico, hace 87 millones de años, en lo que hoy es Sudamérica. En 2007 se encontraron tres ejemplares muy completos (un adulto y dos juveniles). Seguramente Futalognkosaurus se desplazaba en grupos. Vivió en un ambiente húmedo en el que abundaban lagos y lagunas con una gran variedad biológica.

LONGITUD: 30 metros

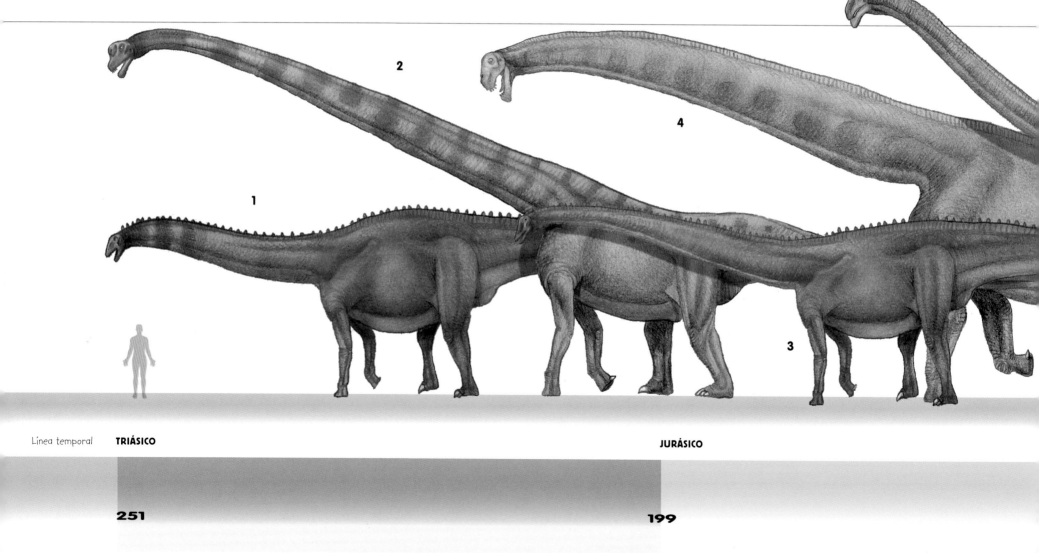

⑤ PARALITITAN
(TITÁN CERCANO AL MAR)

Dinosaurio de cuello largo o saurópodo que vivió a mediados del Cretácico, hace entre 96 y 94 millones de años, en lo que hoy es África. Los fósiles fueron hallados en el desierto del Sáhara, pero durante el Cretácico era una región de marismas cerca del mar, con manglares y con vegetación exuberante. Además en el mismo yacimiento se han encontrado restos de peces, tiburones y tortugas.

LONGITUD: 25 metros

⑥ MENDOZASAURUS
(REPTIL DE MENDOZA)

Dinosaurio de cuello largo o saurópodo que vivó a mediados del Cretácico, hace 88 millones de años, en lo que hoy es Sudamérica. Presenta un cuello relativamente corto y grueso, a juzgar por las gigantescas vértebras de su cuello de casi 1 metro de ancho. Además tiene sobre su espalda grandes placas óseas de 20 centímetros de diámetro.

LONGITUD: 20 metros

⑦ BRACHIOSAURUS
(REPTIL BRAZOS)

Dinosaurio de cuello largo o saurópodo que vivió a finales del período Jurásico, hace entre 152 y 145 millones de años, en lo que hoy es África, Norteamérica y Europa. Sus miembros anteriores son más largos que sus miembros traseros, característica a la que hace referencia su nombre. Su cuello se alza más verticalmente que en la mayoría de saurópodos, pudiendo ramonear a más de 12 metros de altura.

LONGITUD: 22 metros

CRETÁCICO

Millones de años

145

65

MÁS DE 30 METROS

1

SUPERSAURUS
(SUPERREPTIL)

Dinosaurio de cuello largo o saurópodo que vivió a finales del período Jurásico, hace entre 150 y 147 millones de años, en lo que hoy es Norteamérica. También era conocido como Ultrasaurus pero actualmente este nombre ha sido descatalogado y prevalece el de supersaurio.

LONGITUD: 34 metros

2

AMPHICOELIAS
(HUECO POR AMBOS LADOS)

Dinosaurio de cuello largo o saurópodo que vivió a finales del período Jurásico, hace entre 150 y 147 millones de años, en lo que hoy es Norteamérica. Es el vertebrado más largo de todos los tiempos. Con un peso de 122 toneladas rivaliza con el animal más pesado conocido, la ballena azul. Sin embargo, la única evidencia fósil de su existencia se perdió poco después de ser estudiada y descrita en 1870. Sólo quedan los dibujos del cuaderno de campo de quien lo describió.

LONGITUD: 58 metros

Línea temporal   **TRIÁSICO**

JURÁSICO

251

199

3

SAUROPOSEIDON
(REPTIL REY DE LOS TERREMOTOS)

Dinosaurio de cuello largo o saurópodo que vivió en el período Cretácico inferior, hace entre 110 y 100 millones de años, en lo que hoy es Norteamérica. Como otros miembros de la familia de los braquiosáuridos, Sauroposeidon tiene los miembros delanteros más largos que los posteriores, un diseño del cuerpo similar al de la jirafa moderna. Esto le da una altura de 17 metros, haciéndole el dinosaurio más alto conocido.

LONGITUD: 32 metros

4

ARGENTINOSAURUS
(REPTIL DE ARGENTINA)

Dinosaurio de cuello largo o saurópodo que vivió a mediados del Cretácico, hace 95 millones de años, en lo que hoy es Sudamérica. Era un dinosaurio muy pesado, con más de 100 toneladas. Las vértebras de 1,65 metros de alto están articuladas entre sí por complejas estructuras de encastre para poder soportar ese peso.

LONGITUD: 36 metros

5

TURIASAURUS
(REPTIL DEL TURIA)

Dinosaurio de cuello largo o saurópodo que vivió a finales del período Jurásico, hace entre 147 y 143 millones de años, en lo que hoy es Europa. Sus dimensiones lo convierten, según sus descubridores, en el mayor dinosaurio que habitó Europa y en uno de los mayores del mundo.

LONGITUD: 38 metros

6

PUERTASAURUS
(REPTIL DE PUERTA)

Dinosaurio de cuello largo o saurópodo que vivió a finales del período Cretácico, hace entre 71 y 65 millones de años, en lo que hoy es Sudamérica. Puertasaurus fue nombrado así en honor al director del Museo Egidio Feruglio, Pablo Puerta, quien lo encontró. Su descubrimiento demuestra que los saurópodos gigantescos sobrevivieron hasta la extinción masiva de los dinosaurios, hace 65 millones de años.

LONGITUD: 40 metros

Millones de años

CRETÁCICO

145

65

Reptiles marinos

Al contrario que los dinosaurios o los pterosaurios, el término *reptiles marinos* es muy ambiguo a la hora de clasificar a los reptiles que poblaron los mares durante la era mesozoica.

Hoy en día aún encontramos reptiles marinos; como las tortugas de mar o las serpientes marinas y como estas, en el Triásico, muchísimos grupos de reptiles volvieron al mar donde la competencia por el alimento no era tan fuerte como en tierra firme. Por eso el grupo denominado como reptiles marinos es poco exacto. Es importante destacar que en las paginas siguiente mostramos solamente a un pequeño grupo de reptiles marinos que engloban a los Ictiosaurios o reptiles pez, los Plesiosaurios y los Mosasáuridos. Estos tres grupos de reptiles solo tienen en común que poblaron los mares durante el mismo período que los dinosaurios y los Pterosaurios, hace entre 240 y 65 millones de años, y que todos sucumbieron a la extinción masiva de finales del Cretácico.

Estos tres grupos de reptiles marinos fueron muy prolíficos y dominaron los mares durante más de 170 millones de años. Fueron los principales depredadores de los océanos, algunos incluso fueron los depredadores más grandes que nunca han vivido en nuestro planeta.

Estos reptiles se adaptaron tan bien a la vida acuática que se desvincularon por completo de la tierra firme. Incluso, igual que algunos tiburones, algunos reptiles eran ovovivíparos, es decir, se reproducían por huevos que permanecían dentro del cuerpo de la hembra hasta que el embrión estaba completamente desarrollado.

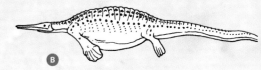

OTROS TIPOS DE REPTILES MARINOS

Durante el período Triásico, hace entre 250 y 199 millones de años, muchos reptiles colonizaron el medio acuático, aunque muchos de ellos desaparecieron en una extinción que tuvo lugar hace 199 millones de años, a finales del período Triásico.

Ⓐ **MESOSAURIDAE**: Aparecieron hace casi 300 millones de años y fueron uno de los primeros grupos de reptiles marinos.

Ⓑ **HUPEHSUCHIA:** Emparentados con los ictiosaurios.

Ⓒ **PLACODONTIA:** Eran comedores de marisco.

Ⓓ **NOTHOSAURIDAE:** Emparentados con los plesiosaurios.

Ⓔ **PHYTOSAURIDAE:** Aunque tenían aspecto de cocodrilo, no eran parientes suyos.

Ⓕ **THALATTOSAURIA:** Parientes de los plesiosaurios y los Nothosauridae, aunque más primitivos.

Ⓖ **PROLACERTIFORMES:** Un grupo muy amplio. Algunos representantes del grupo eran acuáticos, otros en cambio eran arbóreos y probablemente fueron antepasados de los pterosaurios.

CLASIFICACIÓN DE LOS REPTILES MARINOS

En este esquema están clasificados todos los grupos de reptiles acuáticos y los vemos relacionados con los reptiles actuales. Como vemos, Ictiosaurios, Plesiosaurios y Mosasáuridos, en lo que se refiere a parentesco, tienen poco en común.

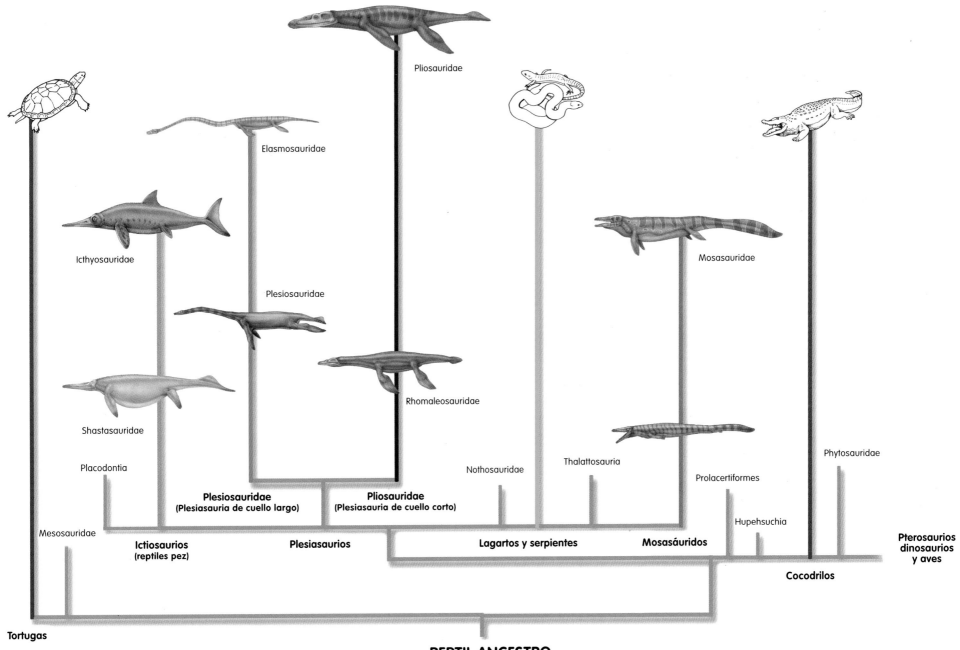

Pliosauridae

Elasmosauridae

Icthyosauridae

Plesiosauridae

Mosasauridae

Shastasauridae

Rhomaleosauridae

Placodontia

Nothosauridae

Thalattosauria

Phytosauridae

Prolacertiformes

Mesosauridae

Plesiosauridae
(Plesiasauria de cuello largo)

Pliosauridae
(Plesiasauria de cuello corto)

Ictiosaurios
(reptiles pez)

Plesiasaurios

Lagartos y serpientes

Mosasáuridos

Hupehsuchia

Pterosaurios
dinosaurios
y aves

Cocodrilos

Tortugas

REPTIL ANCESTRO

DE 0 A 3 METROS

①

EONATATOR
(NADADOR DEL AMANECER)

Lagarto mosasáurido que vivió a finales del período Cretácico, hace entre 88 y 83 millones de años, en lo que hoy es Norteamérica y Europa. Es un miembro primitivo de los mosasáuridos. También es uno de los más pequeños. Se alimentaba sobre todo de peces y reptiles marinos más pequeños.

LONGITUD: 2 metros

②

CHAOHUSAURUS
(REPTIL DE CHAOHU)

Reptil pez o ictiosaurio que vivió a principios del período Triásico, hace entre 251 y 249 millones de años, en lo que hoy es China. No tiene la apariencia de delfín de los ictiosaurios más evolucionados, sino una forma más parecida a la de un lagarto. El cuello es atípicamente largo y no presenta aleta dorsal. Es uno de los ictiosaurios conocidos más pequeño.

LONGITUD: 70 centímetros

③

DALLASAURUS
(REPTIL DE DALLAS)

Lagarto mosasáurido que vivió a finales del período Cretácico, hace 93 millones de años, en lo que hoy es Norteamérica. Es uno de los miembros más antiguos de su familia. A diferencia de otros mosasáuridos gigantescos, el Dallasaurus se parece más a una lagartija semiacuática. Dallasaurus es un paso intermedio entre los lagartos terrestres y los mosasáuridos plenamente acuáticos.

LONGITUD: 1 metro

④

ICHTHYOSAURUS
(REPTIL PEZ)

Reptil pez o ictiosaurio que vivió a principios del período Jurásico, hace entre 199 y 196 millones de años, en lo que hoy es Europa. Su aspecto recuerda mucho al de los delfines, aunque éstos son mamíferos y los ictiosaurios son reptiles. Inicialmente se creía que depositaban sus huevos en tierra firme, pero la evidencia fósil muestra que de hecho las hembras daban a luz crías ya formadas. Por lo tanto, estos animales estaban bien adaptados a una vida acuática.

LONGITUD: 2 metros

3

4

2

5

1

Línea temporal   **TRIÁSICO**

JURÁSICO

6

4

2

9

7

8

251

199

5 NANNOPTERYGIUS
(PEQUEÑA ALETA)

Reptil pez o ictiosaurio que vivió a finales del período Jurásico, hace entre 155 y 145 millones de años, en lo que hoy es Europa. Presenta grandes cuencas oculares, lo que sugiere que vivía a grandes profundidades alimentándose de calamares.

LONGITUD: 2 metros

6 MIXOSAURUS
(REPTIL MIXTO)

Reptil pez o ictiosaurio que vivió a principios del período Triásico, hace entre 251 y 249 millones de años, en lo que hoy es Europa, Asia y Norteamérica. Se considera como un ejemplo de los primeros ictiosaurios conocidos. Su cola es muy parecida a la de los reptiles terrestres, sus ojos son pequeños y su aleta dorsal apenas está desarrollada. Estas características lo definen como una forma de transición entre los reptiles del Triásico y los ictiosaurios posteriores.

LONGITUD: 1 metro

7 PELONEUSTES
(NADADOR DEL BARRO)

Reptil plesiosaurio de cuello corto que vivió a mediados de período Jurásico, hace 164 millones de años, en lo que hoy es Europa. Sus grandes dientes cónicos indican que su dieta pudo estar basada en ammonites de concha dura, sepias, calamares y otros reptiles marinos. Es uno de los representantes más pequeños del orden Plesiosauria.

LONGITUD: 3 metros

8 GRIPPIA
(ANCLA)

Reptil pez o ictiosaurio que vivió a principios del período Triásico, hace entre 251 y 249 millones de años, en lo que hoy es Europa. Se sabe poco de este animal ya que sus restos fueron destruidos durante los bombardeos de la Segunda Guerra Mundial. Presenta unos dientes romos que tal vez utilizara para comer marisco.

LONGITUD: 1 metro

9 OMPHALOSAURUS
(REPTIL BOTÓN)

Reptil pez o ictiosaurio que vivió a mediados del período Triásico, hace entre 237 y 226 millones de años, en lo que hoy es Europa y Norteamérica. Tiene dientes fuertes y romos parecidos a un botón, adaptados para triturar conchas de moluscos. *Durófagos* es el término técnico que designa a los animales que se alimentan de moluscos con concha. Aún hoy en día hay controversia de si es o no un ictiosaurio.

LONGITUD: 2 metros

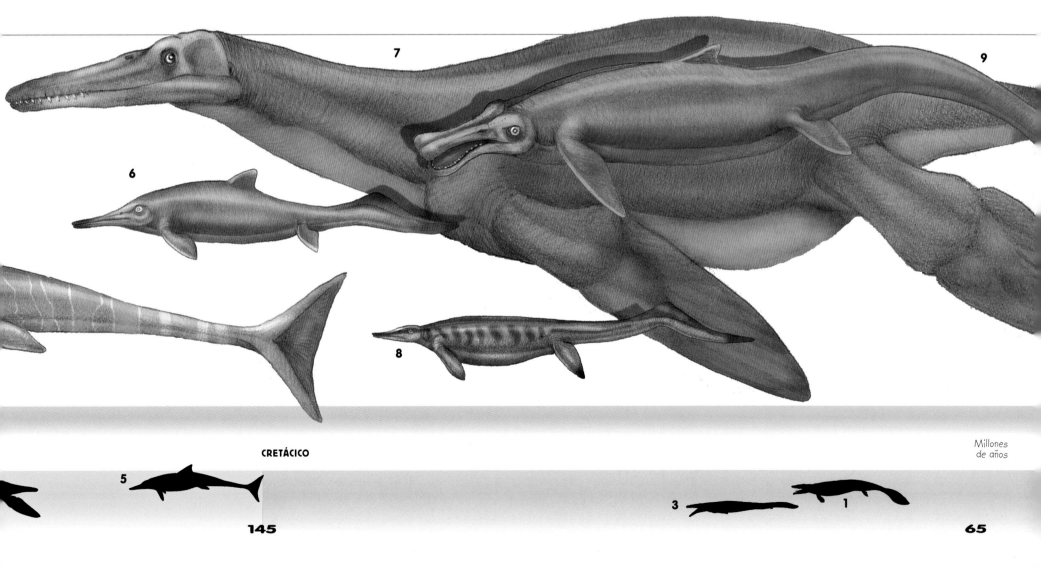

CRETÁCICO

Millones de años

145

65

DE 3 A 5 METROS

① CARINODENS
(DIENTE DE QUILLA)

Lagarto mosasáurido que vivió a finales del período Cretácico, hace entre 75 y 65 millones de años, en lo que hoy es Europa. Tiene dientes redondos y romos, parecidos a una quilla de barco, que utilizaba para triturar almejas y crustáceos. Era un nadador ágil y rápido, con un cuerpo aerodinámico y una gran capacidad de maniobra. Estos atributos le eran de gran utilidad para huir de los depredadores más grandes y feroces que compartieron los océanos con él.

LONGITUD: 3 metros

② OPHTHALMOSAURUS
(REPTIL OJOS)

Reptil pez o ictiosaurio que vivió a mediados y finales del período Jurásico, hace entre 165 y 145 millones de años, en lo que hoy es Europa, América del Norte y América del Sur. Sus grandes ojos sugieren que el oftalmosaurio cazaba en las profundidades del océano, donde no hay mucha luz solar, o bien cazaba de noche cuando sus presas principales, los calamares, eran más activas.

LONGITUD: 3,5 metros

③ UTATSUSAURUS
(REPTIL DE UTATSU)

Reptil pez o ictiosaurio que vivió a principios del período Triásico, hace entre 250 y 230 millones de años, en lo que hoy es América del Norte y Asia. Es uno de los ictiosaurios más primitivo. Utatsusaurus posee una aleta dorsal pequeña y una aleta caudal larga y baja, lo que sugiere que el animal nadaba ondulando su cuerpo como una anguila actual.

LONGITUD: 3 metros

④ BRACHYPTERYGIUS
(ALETA BRAZO)

Reptil pez o ictiosaurio que vivió a finales del período Jurásico, hace entre 155 y 150 millones de años, en lo que hoy es Europa. Al igual que oftalmosaurio, tenía grandes ojos para cazar a grandes profundidades.

LONGITUD: 5 metros

5
CLIDASTES
(VÉRTEBRA BLOQUEADA)

Lagarto mosasáurido que vivió a finales del período Cretácico, hace entre 83 y 70 millones de años, en lo que hoy es Europa y América del Norte. Es un mosasáurido primitivo, cuyo nombre deriva del hecho de que sus vértebras están fusionadas de tal forma que sólo le permitían movimientos laterales y nunca de arriba abajo, verticales, lo que hacía que su modo de nadar fuese sinuoso como el de una anguila.

LONGITUD: 3 metros

6
PLESIOSAURUS
(REPTIL CERCANO)

Reptil plesiosaurio de cuello largo que vivió a principios del período Jurásico, hace entre 196 y 175 millones de años, en lo que hoy es Europa. Es uno de los primeros plesiosaurios descrito. Sus restos fueron encontrados en Inglaterra en 1821. Su cuello tiene 40 vértebras.

LONGITUD: 3,5 metros

7
CRYPTOCLIDUS
(CLAVÍCULA OCULTA)

Reptil plesiosaurio de cuello largo que vivió a finales del período Jurásico, hace entre 165 y 150 millones de años, en lo que hoy es Europa. Se han encontrado numerosos fósiles que llevan las marcas de dientes de grandes plesiosaurios de cuello corto, como el Liopleurodon, lo que indica que Cryptoclidus era un cazador de peces pero también una presa común.

LONGITUD: 4 metros

8
SELMASAURUS
(REPTIL DE SELMA)

Lagarto mosasáurido que vivió a finales del período Cretácico, hace entre 93 y 65 millones de años, en lo que hoy es América del Norte. Su cráneo es anormalmente acinético, es decir, las mandíbulas no se podían abrir ampliamente como en la mayoría de mosásuridos para dar cabida a las grandes presas, lo cual limitaba a Selamasaurus a comer presas de pequeño tamaño.

LONGITUD: 5 metros

9
TRINACROMERUM
(FÉMUR DE TRES PUNTAS)

Reptil plesiosaurio de cuello corto que vivió a finales del período Cretácico, hace entre 93 y 89 millones de años, en lo que hoy es América del Norte. Su cuerpo aerodinámico le permitía nadar a gran velocidad. Se estima que nadaba a más de 16 km/h. En un esqueleto de Trinacromerum se encontraron más de 100 piedras estomacales que el animal debió tragar para ajustar su flotabilidad.

LONGITUD: 5 metros

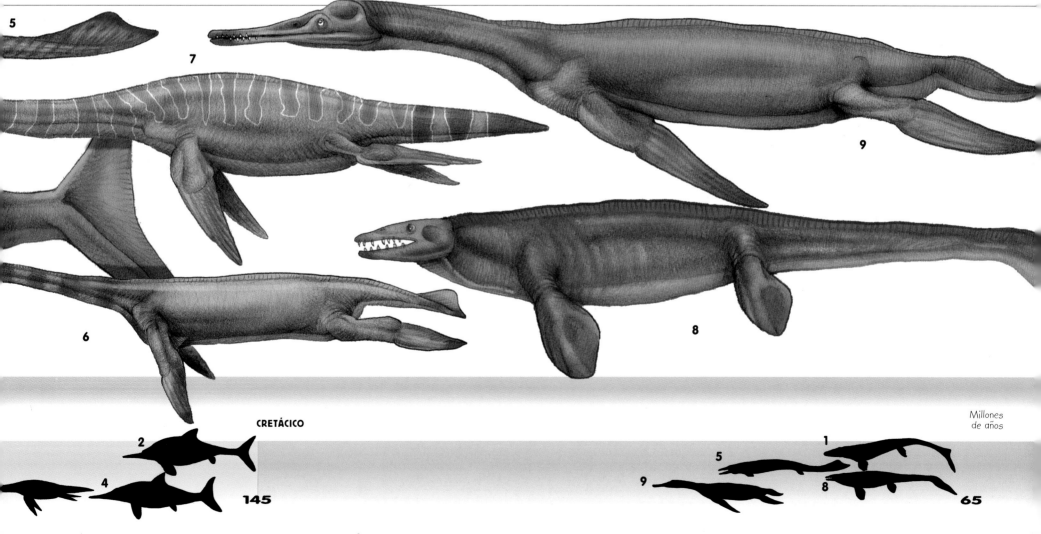

CRETÁCICO

Millones de años

145

65

DE 5 A 8 METROS

1. PLATYPTERYGIUS
(ALETA PLANA)

Reptil pez o ictiosaurio que vivió a principios del período Cretácico, hace entre 145 y 89 millones de años, en lo que hoy es Europa, América del Norte y Australia. El estudio del cráneo de un espécimen bien conservado muestra que Platypterigius debía de ser sordo y probablemente se valía de la detección de las vibraciones para encontrar presas como tortugas, aves marinas, peces y calamares.

LONGITUD: 8 metros

2. GLOBIDENS
(DIENTE DE GLOBO)

Lagarto mosasáurido que vivió a finales del período Cretácico, hace entre 75 y 65 millones de años, en lo que es hoy Norteamérica. Presentaba dientes redondos de un tamaño similar incrustados en la mandíbula. Una dentadura así resultaba ideal para aplastar las gruesas conchas de las almejas y los cangrejos. Sus dientes frontales son largos y con forma de clavija. Globidens pudo usarlos para arrancar los moluscos de las rocas.

LONGITUD: 5,5 metros

3. TERMINONATATOR
(ÚLTIMO NADADOR)

Reptil plesiosaurio de cuello largo que vivió a finales del período Cretácico, hace entre 83 y 70 millones de años, en lo que hoy es América del Norte. Es el último plesiosaurio de cuello largo que existió antes de la gran extinción del Cretácico que también acabó con los reptiles marinos.

LONGITUD: 7 metros

4. PLATECARPUS
(MUÑECA PLANA)

Lagarto mosasáurido que vivió a finales del período Cretácico hace entre 93 y 65 millones de años en lo que hoy es Europa, América del Norte, África, Asia y Australia. Es el más común de los mosasáuridos. Se han encontrado varias conchas de ammonites, cefalópodos con conchas en espiral, con marcas de dientes pertenecientes al Platecarpus, lo que sugiere que eran su principal presa.

LONGITUD: 7 metros

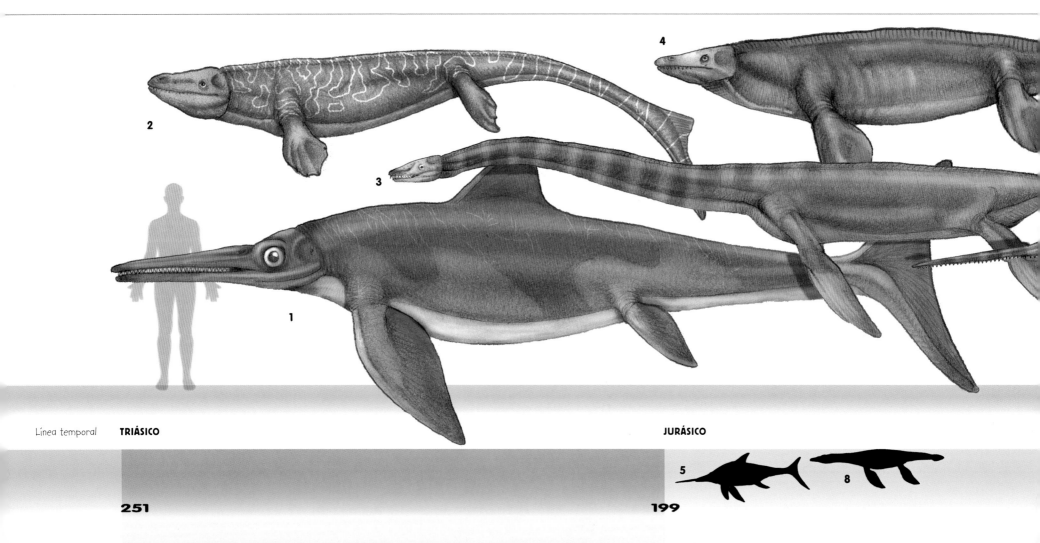

Línea temporal **TRIÁSICO**

JURÁSICO

251

199

⑤ EXCALIBOSAURUS
(REPTIL EXCALIBUR)

Pertenece a un grupo de reptiles pez o ictiosaurios, llamados eurrinosáuridos o reptiles espada. Éstos tienen la mandíbula superior muy larga y la utilizaban como defensa y para sondear la arena en busca de presas. Excalibosaurus vivió a principios del período Jurásico, hace entre 196 y 189 millones de años, en lo que es hoy Europa.

LONGITUD: 7 metros

⑥ KAIWHEKEA
(COMEDOR DE CALAMARES)

Reptil plesiosaurio de cuello largo que vivió a finales del período Cretácico, hace 69 millones de años, en lo que es hoy Nueva Zelanda. La forma de los dientes, que son muy pequeños en comparación con los de otros plesiosaurios, y muy numerosos, se cree que eran una adaptación para capturar pequeñas presas como calamares y peces.

LONGITUD: 7 metros

⑦ PANNONIASAURUS
(REPTIL DE PANNONIA)

Lagarto mosasáurido que vivió a finales del período Cretácico, hace 85 millones de años, en lo que es hoy Europa. Sus restos se hallaron en una zona que durante el Cretácico superior era un estuario; esto sugiere que Pannoniasaurus tenía un comportamiento similar al del cocodrilo del Nilo y que vivía en agua dulce. Tiene unos dientes muy afilados, similares a los de los tiburones, que le permitían atrapar peces y pequeños animales terrestres desprevenidos.

LONGITUD: 6 metros

⑧ RHOMALEOSAURUS
(REPTIL FUERTE)

Reptil plesiosaurio de cuello corto que vivió a principios de período Jurasico hace 196 millones de años en lo que es hoy Europa. Tiene un cuello relativamente largo como los plesiosaurias de cuello largo y una cabeza voluminosa como los Plesiosauria de cuello corto, lo que indica que Rhomaleoosaurus es un paso intermedio entre ambos grupos de Plesiosaurias. Era un cazador rápido y poderoso.

LONGITUD: 6 metros

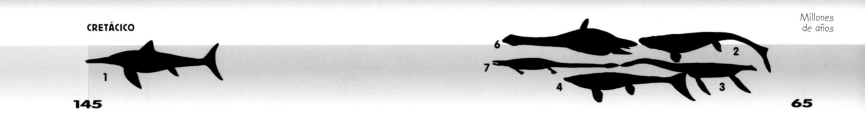

CRETÁCICO

Millones de años

145

65

DE 8 A 10 METROS

① TEMNODONTOSAURUS
(REPTIL CON DIENTES CORTANTES)

Reptil pez o ictiosaurio que vivió a principios del período Jurásico, hace entre 199 y 175 millones de años, en lo que hoy es Europa. Sus dientes son fuertes y adaptados para triturar las conchas de los cefalópodos ammonites de los que se alimentaba. De los vertebrados que se conocen, es que tiene las cuencas oculares más grandes.

LONGITUD: 10 metros

② CYMBOSPONDYLUS
(VÉRTEBRAS EN FORMA DE BARCO)

Reptil pez o ictiosaurio que vivió a mediados del período Triásico hace entre 245 y 226 millones de años en lo que hoy es Norteamérica y Europa. Aunque Cymbospondylus se clasifica en la familia Ictiosauria, estudios recientes sugieren que podría ser demasiado primitivo para ser un Ictiosauria. En efecto, vemos en su aspecto que carece de la aleta dorsal y de la cola tipo pez, que son tan característicos en miembros posteriores de este grupo.

LONGITUD: 8 metros

③ KRONOSAURUS
(REPTIL DE KRONOS)

Reptil plesiosaurio de cuello corto que vivió a principios del período Cretácico, hace entre 112 y 98 millones de años, en lo que hoy es América del Sur y Australia. Tiene un cráneo enorme, de más de 2 metros. El cuello presenta 20 vértebras y no 30, como se creía antiguamente, y por eso se revisó la longitud del animal, pasando de los 12 metros a los 9. Cazaba a grandes profundidades.

LONGITUD: 9 metros

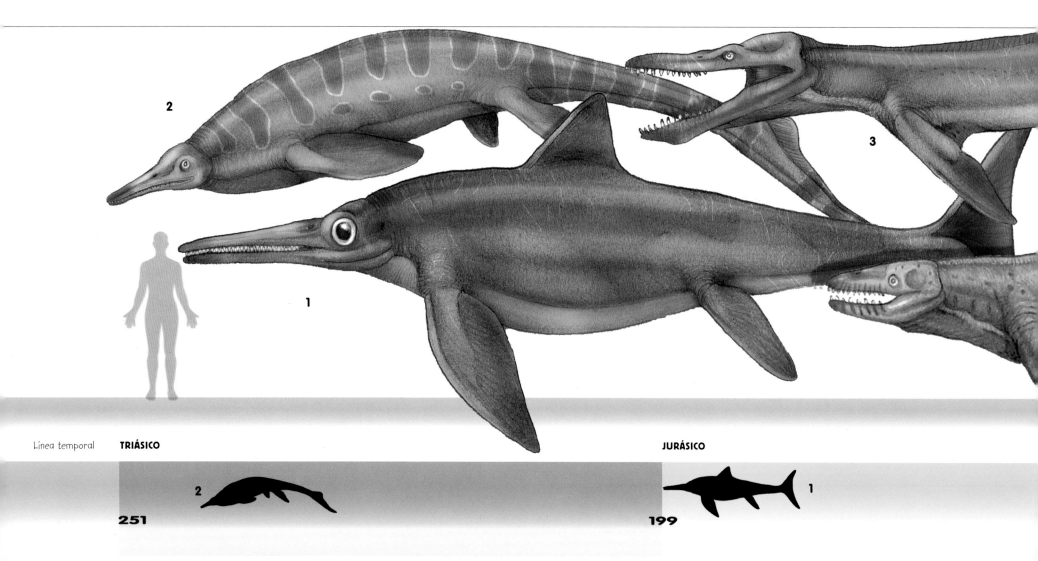

Línea temporal **TRIÁSICO**　　　　　　　　　**JURÁSICO**

2　　　　251　　　　　　　199　　1

④ PROGNATHODON
(DIENTES PRIMITIVOS EN LA MANDÍBULA)

Lagarto mosasáurido que vivió a finales del período Cretácico, hace entre 93 y 75 millones de años, en lo que hoy es Norteamérica, Europa, África y Nueva Zelanda. Presenta una protección ósea que rodea sus órbitas oculares, lo que indica que vivían en aguas profundas. Sus dientes son muy gruesos y romos, lo que indica que se alimentaban de crustáceos, peces grandes y tortugas marinas.

LONGITUD: 9 metros

⑤ PLOTOSAURUS
(REPTIL NADADOR)

Lagarto mosasáurido que vivió a finales del período Cretácico, hace entre 75 y 65 millones de años, en lo que hoy es Norteamérica. Originariamente denominado Kolposaurus, en 1951 fue cambiado por Plotosaurus cuando se descubrió que el nombre ya había sido asignado a un tipo de reptil acuático del Triásico. Sus aletas estrechas indican que era un nadador rápido.

LONGITUD: 9 metros

⑥ ARISTONECTES
(EL MEJOR NADADOR)

Reptil plesiosaurio de cuello largo que vivió a finales del período Cretácico, hace entre 75 y 65 millones de años ,en lo que hoy es América del Sur y la Antártida. Sus dientes extremadamente finos y largos indican que se alimentaba por filtración, capturando pequeños crustáceos y larvas de peces.

LONGITUD: 8 metros

⑦ WOOLUNGASAURUS
(REPTIL DE WOOLUNGA)

Reptil plesiosaurio de cuello largo que vivió a principios del período Cretácico, hace 112 millones de años, en lo que hoy es Australia. Su nombre está basado en un reptil mitológico de Australia, el Glendower Woolunga.

LONGITUD: 10 metros

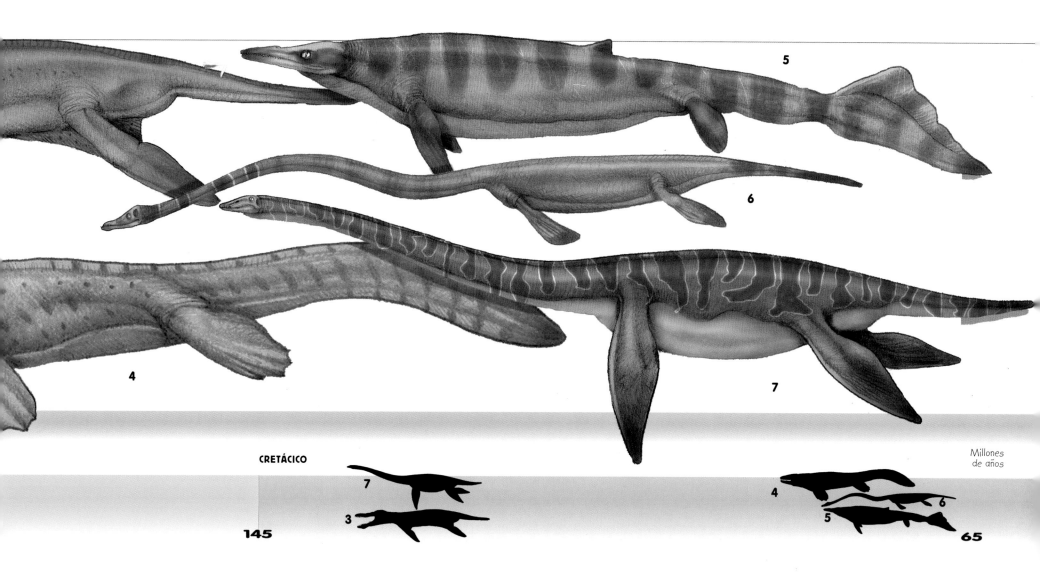

CRETÁCICO

Millones de años

145

65

DE 10 A 15 METROS

① MEGALNEUSAURUS
(GRAN REPTIL REY NADADOR)

Reptil plesiosaurio de cuello corto que vivió a finales del período Jurásico, hace entre 156 y 152 millones de años, en lo que hoy es América del Norte. La especie fue catalogada en 1898, pero una parte del material original se perdió. Una expedición más reciente ha recuperado nuevos fósiles descubiertos en el mismo sitio.

LONGITUD: 12 metros

② ELASMOSAURUS
(REPTIL PLACA PLANA)

Reptil plesiosaurio de cuello largo que vivió a finales del período Cretácico, hace 80 millones de años, en lo que hoy es América del Norte. Su cuello tiene más vértebras que cualquier otro animal conocido, 72 en total. Su largo cuello debía de servir para capturar por sorpresa a los rápidos peces sin tener que mover con demasiada rapidez el cuerpo. Vivió en océanos.

LONGITUD: 12 metros

③ BRACHAUCHENIUS
(CUELLO CORTO)

Reptil plesiosaurio de cuello corto que vivió a finales del período Cretácico, hace entre 93 y 89 millones de años, en lo que hoy es América del Norte. Es uno de los últimos plesiosaurios de cuello corto. Sus enormes aletas le permitían nadar muy rápido a pesar de su gran volumen y peso.

LONGITUD: 11 metros

④ TYLOSAURUS
(REPTIL HINCHADO)

Lagarto mosasáurido que vivió a finales del período Cretácico, hace entre 83 y 70 millones de años, en lo que hoy es Norteamérica. Es uno de los últimos mosasáuridos y uno de los más grandes. Era tan grande que depredaba otros mosasáuridos más pequeños, como los Clidastes. En el extremo del hocico presenta una protuberancia hinchada —de aquí proviene su nombre— que servía como ariete para aturdir a sus presas antes de devorarlas.

LONGITUD: 12 metros

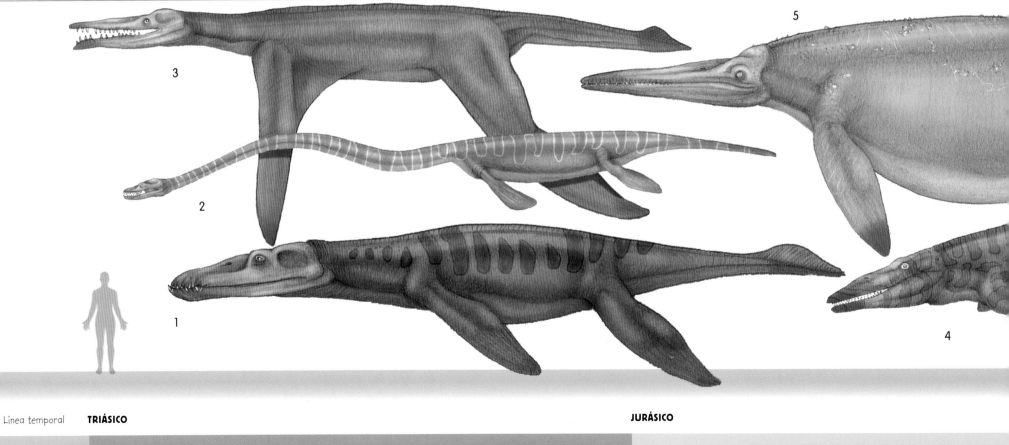

Línea temporal   **TRIÁSICO**   **JURÁSICO**

5 SHONISAURUS
(REPTIL DE SHOSHONE)

Reptil pez o ictiosaurio que vivió a finales del período Triásico, hace entre 216 y 200 millones de años, en lo que hoy es América del Norte. Es uno de los más grandes ictiosaurios. En 1920 se encontraron 37 esqueletos de estos animales que murieron embarrancados en la arena, como ocurre hoy con las ballenas. Sus dientes son muy pequeños por lo que, a pesar de su gran tamaño, se debieron alimentar de presas muy pequeñas.

LONGITUD: 15 metros

6 STYXOSAURUS
(REPTIL DE RÍO ESTIGIA)

Reptil plesiosaurio de cuello largo que vivió a finales del período Cretácico, hace entre 85 y 71 millones de años, en lo que hoy es América del Norte. Entre sus restos fosilizados se hallaron cerca de 250 gastrolitos, o 'piedras estomacales . Es posible que Styxosaurus utilizara estas piedras como lastre para controlar su flotabilidad. Sus dientes son cónicos y largos y están diseñados para aferrar y no para cortar, por lo que, como otros plesiosaurios, Styxosaurus tragaría su comida entera.

LONGITUD: 12 metros

7 THALASSOMEDON
(SEÑOR DE LOS MARES)

Reptil plesiosaurio de cuello largo que vivió a principios del período Cretácico, hace 95 millones de años, en lo que hoy es América del Norte. El cuello tiene 62 vértebras que representan la mitad de la longitud del animal. Sus dientes largos y finos servían como una trampa para peces.

LONGITUD: 12 metros

8 HYDROTHEROSAURUS
(REPTIL PESCADOR)

Reptil plesiosaurio de cuello largo que vivió a finales del período Cretácico, hace entre 75 y 65 años. Su cuerpo es más voluminoso que el de otros plesiasaurios de cuello largo del Cretácico, como Elasmosaurus o Thalassomedon. Esto implicaba que debió ser un nadador bastante lento.

LONGITUD: 13 metros

CRETÁCICO

Millones de años

DE 15 A 20 METROS

① HAINOSAURUS
(REPTIL DE HAINO)

Lagarto mosasáurido que vivió a finales del período Cretácico, hace entre 80 y 65 millones de años, en lo que hoy es Norteamérica y Europa. Era un temible cazador que solía atacar a otros reptiles marinos como Elasmosaurus. Solía atacar sumergiéndose a gran profundidad y luego ascendiendo muy rápido con la boca abierta hacia su presa.

LONGITUD: 15 metros

② LIOPLEURODON
(DIENTES DE LADOS LISOS)

Reptil plesiosaurio de cuello corto que vivió a finales del período Jurásico, hace entre 160 y 155 millones de años, en lo que hoy es Europa. Estimar el tamaño máximo de Liopleurodon ha sido un tema de controversia. Algunos científicos le asignaron un tamaño de 25 metros, pero hoy en día se cree que Liopleurodon no superaba los 15 metros y algunos científicos aseguran que incluso no alcanzaba ni los 7 metros. Fuese cual fuese su tamaño, era un depredador temible que cazaba grandes presas.

LONGITUD: 15 metros

③ MOSASAURUS
(REPTIL DEL MOSA)

Es probablemente el mayor mosasáurido que jamás ha existido. Vivió a finales del período Cretácico, hace entre 80 y 65 millones de años, en lo que hoy es Norteamérica y Europa. Los expertos creen que Mosasaurus vivía cerca de la superficie del océano, donde se alimentaba de peces, tortugas, cefalópodos con concha (ammonites) y, posiblemente, mosasáuridos más pequeños.

LONGITUD: 16 metros

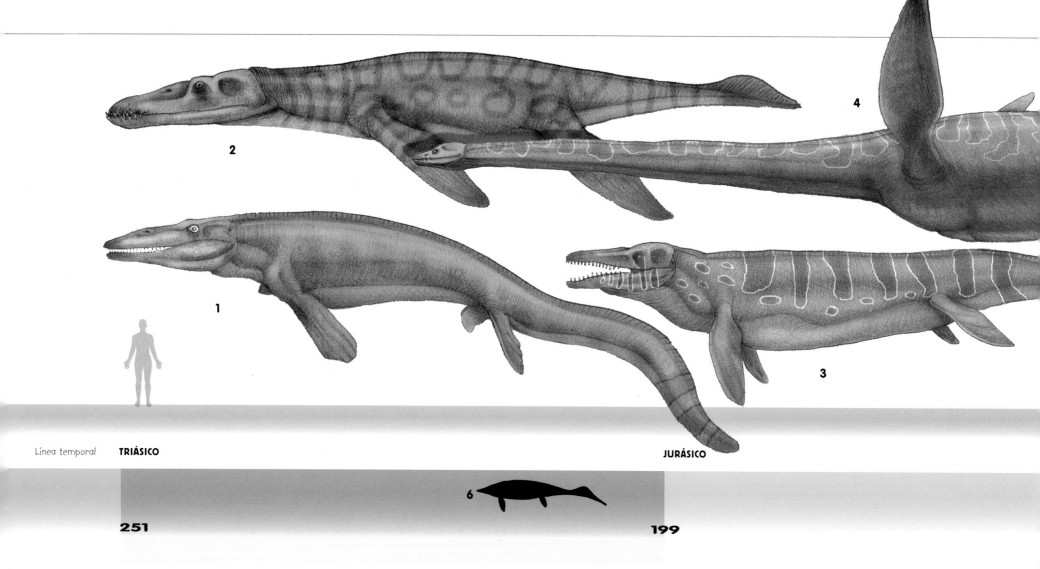

Línea temporal **TRIÁSICO**

JURÁSICO

199

④ MAUISAURUS
(REPTIL DE MAUI)

Es el plesiosaurio más grande que jamás ha existido. Vivió a finales del período Cretácico, hace entre 80 y 69 millones de años, en lo que hoy es Nueva Zelanda. Tiene grandes aletas que le permitían nadar a gran velocidad. Sus dientes afilados y largos eran utilizados para pescar calamares.

LONGITUD: 20 metros

⑤ PLIOSAURUS DE DORSET

Reptil plesiosaurio de cuello corto muy parecido al Pliosaurus, pero que aún no ha sido bautizado. Vivió a finales del período Jurásico, hace 140 millones de años, en lo que hoy es Europa. Fue descubierto en 2009 y es considerado como el plesiosaurio de cuello corto más grande. Su cráneo medía más de 2,5 metros de largo.

LONGITUD: 18 metros

⑥ SHASTASAURUS
(REPTIL DEL MONTE SHASTA)

El más grande de todos los reptiles pez o ictiosaurios. Vivió a mediados del período Triásico, hace 210 millones de años, en lo que hoy es América del Norte y Asia. Tiene un cráneo pequeño y sin dientes, lo que sugiere que tal vez estaba especializado en devorar peces y cefalópodos sin concha, que atrapaba a través de la succión. Muchas ballenas, incluyendo los cachalotes y las ballenas picudas (zifios), cazan con una técnica similar.

LONGITUD: 20 metros

⑦ PLIOSAURUS
(REPTIL MÁS CERCANO)

Reptil plesiosaurio de cuello corto que vivió a finales del período Jurásico, hace entre 155 y 150 millones de años, en lo que hoy es Europa. Se conocen 6 especies diferentes de pliosaurio, todas ellas enormes, por lo que seguramente Pliosaurus era un depredador muy extendido por los océanos jurásicos. Los primeros restos de pliosaurio fueron descritos por Richard Owen en 1841, que creyó erróneamente que se trataba de un antepasado de los cocodrilos.

LONGITUD: 15 metros

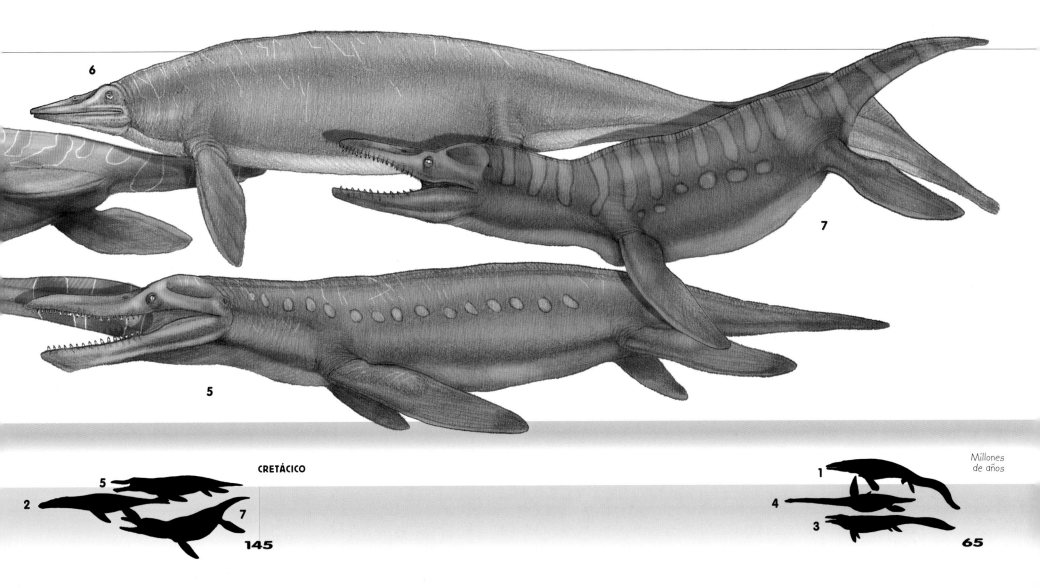

CRETÁCICO

Millones de años

145

65

Pterosaurios

Los pterosaurios siempre han estimulado la imaginación de los naturalistas. En el siglo XIX el eminente profesor de geología de Oxford William Buckland los describía como monstruos sin ningún parecido con nada que se haya visto antes en la Tierra. Aunque tal afirmación es un poco exagerada, sí es cierto que los paleontólogos se encuentran con grandes dificultades para establecer el estilo de vida de los pterosaurios, en especial porque no hay criaturas directamente comparables en el actual reino animal. Los murciélagos y las aves tienen una estructura ósea muy diferente de la de los pterosaurios, sobre todo por lo que se refiere al vuelo. En las aves, la superficie alar está compuesta de plumas, y en los murciélagos de una membrana fina de piel muy distinta a la piel que formaba el ala de los Pterosaurios. Fueron contemporáneos de los dinosaurios, pero mientras éstos dominaban la tierra, los pterosaurios colonizaron los cielos, siendo los primeros vertebrados en la historia de la evolución en adquirir la habilidad de volar. Al igual que los dinosaurios, los pterosaurios llegaron a alcanzar formas y tamaños muy variados y algunos se convirtieron en los animales más grandes que jamás han surcado los cielos. Actualmente se conocen más de 60 géneros de pterosaurios que agrupan más de 170 especies. Igual que los dinosaurios, desaparecieron en la gran extinción masiva de finales del Cretácico, es decir, dominaron los cielos durante más de 150 millones de años. Las aves han habitado la Tierra durante un período similar, por lo que es lícito pensar que los pterosaurios desarrollaron tanta variedad de formas en tan distintos entornos como ellas.

RHAMPHORHYNCHOIDEA
(PTEROSAURIOS DE COLA LARGA)

PTERODACTYLOIDEA
(PTEROSAURIOS DE COLA CORTA)

COLA LARGA, COLA CORTA

Los pterosaurios se dividen en dos grupos muy diferenciados: los Rhamphorhynchoidea o pterosaurios de cola larga y los Pterodactyloidea o pterosaurios de cola corta. Los primeros eran más primitivos y tenían la cola más larga (c). Otras diferencias entre ambos grupos son los metacarpianos, huesos que van de la muñeca a los dedos, que eran largos en los Pterodactyloidea y cortos en los Rhamphorhynchoidea (a). Los ranforrincoideos también tienen un cráneo y cuello pequeño en comparación con su cuerpo, mientras que el tamaño del cuello y el cráneo es mucho mayor en los pterodactiloideos (b,d).

CLASIFICACIÓN DE LOS PTEROSAURIOS

Todos los pterosaurios evolucionaron a partir de un antecesor común no volador, aunque se desconoce qué aspecto tenía y cómo desarrolló la capacidad de vuelo.

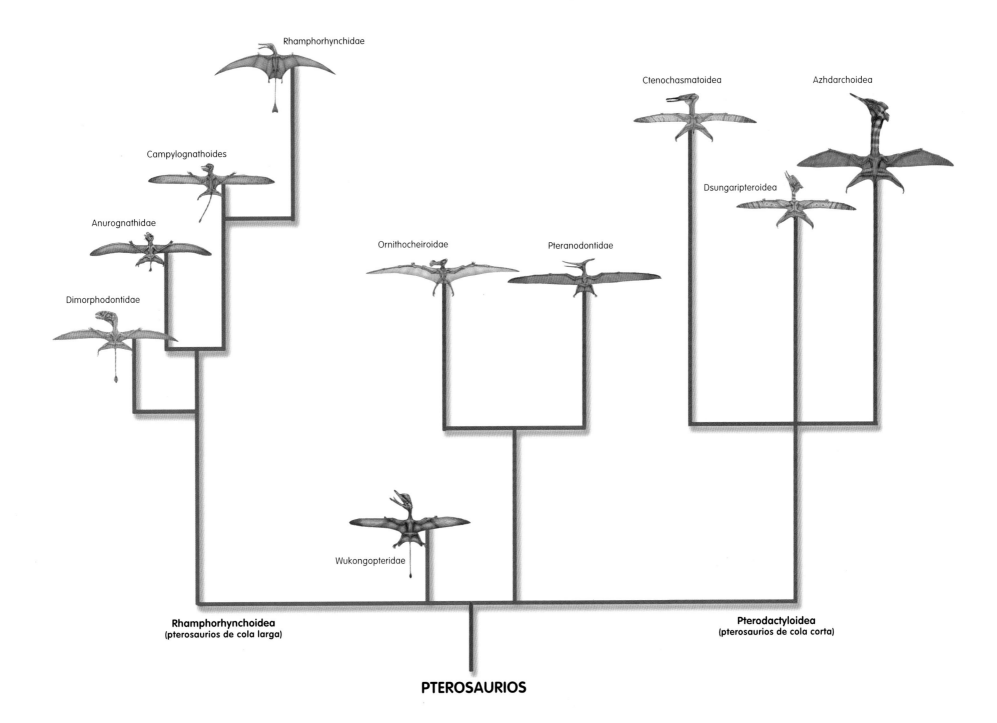

PTEROSAURIOS

DE 0 A 1 METROS

1
NEMICOLOPTERUS
(HABITANTE ALADO DEL BOSQUE)

Pterosaurio de cola corta o Pterodactyloidea que vivió a principios del período Cretácico, hace 120 millones de años, en lo que hoy es Asia. Es el pterosaurio más pequeño conocido. Carecía de dientes y posiblemente habitó en la copa de los árboles, donde se alimentaba de insectos.

ENVERGADURA: 25 centímetros

2
PETEINOSAURUS
(REPTIL VOLADOR)

Pterosaurio de cola larga o Rhamphorhynchoidea que vivió a finales del período Triásico, hace entre 216 y 203 millones de años, en lo que hoy es Europa. Compartió hábitat con Eudimorphodon, pero éste se alimentaba de peces mientras que el peteinosaurio era insectívoro, lo que muestra que los recién aparecidos pterosaurios ya se habían diversificado en diferentes modos de vida.

ENVERGADURA: 60 centímetros

3
ANUROGNATHUS
(MANDÍBULAS SIN COLA)

A pesar de pertenecer al suborden de los pterosaurios de cola larga o Ramphorhynchoidea, su cola era muy corta. Ello, combinado con sus alas estrechas, indica que era un volador lento especializado en cazar gracias a su maniobrabilidad. Sus grandes ojos indican que estaba adaptado a una forma de vida crepuscular. Vivió a finales del período Jurásico, hace 150 millones de años, en lo que hoy es Europa.

ENVERGADURA: 50 centímetros

4
DARWINOPTERUS
(ALADO DE DARWIN)

Presenta rasgos de los dos tipos principales de pterosaurios, los de cola larga (Rhamphorhynchoidea) y los de cola corta (Pterodactyloidea). Por lo tanto, se ha descrito como un fósil de transición entre ambos grupos. Vivió hace 160 millones de años, a mediados del período Jurásico, en lo que hoy es Asia. Presentan un claro dimorfismo sexual pues las hembras carecen de cresta y sus caderas son más anchas que las de los machos.

ENVERGADURA: 85 centímetros

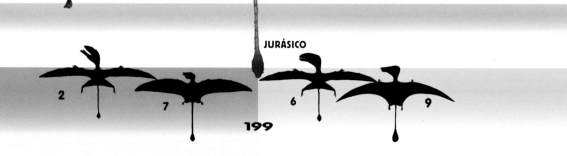

Línea temporal **TRIÁSICO**

JURÁSICO

199

5

SORDES
(DIABLO)

Pterosaurio de cola larga o Rhamphorhynchoidea que vivió a finales del período Jurásico, hace 150 millones de años, en lo que hoy es Asia. El primer fósil de Sordes que se encontró estaba tan bien conservado que puede verse una fina capa de pelaje, que cubre incluso las alas. Esta capa de pelo, presente en todos los pterosaurios, debía de ayudar a regular la temperatura del cuerpo durante el vuelo activo y también a reducir el ruido al volar.

ENVERGADURA: 50 centímetros

6

DIMORPHODON
(DOS TIPOS DE DIENTES)

Pterosaurio de cola larga o Rhamphorhynchoidea que vivió a principios del período Jurásico, hace 199 y 196 millones de años, en lo que hoy es Europa. El tamaño y forma de los dientes es lo que ha dado nombre al animal, ya que tiene 80 dientes diminutos y puntiagudos y 4 dientes grandes en la parte frontal de la mandíbula.

ENVERGADURA: 1 metro

7

EUDIMORPHODON
(EL VERDADERO DIENTE BIFORME)

Pterosaurio de cola larga o Rhamphorhynchoidea que vivió a finales del período Triásico, hace entre 216 y 203 millones de años, en lo que hoy es Europa. Tiene dientes muy especializados para capturar peces; algunos tienen varias puntas y otros son más grandes que los demás, formando grandes colmillos cerca de la parte frontal de la mandíbula. Ningún pterosaurio posterior tiene una dentición tan especializada.

ENVERGADURA: 1 metro

8

JEHOLOPTERUS
(ALADO DE JEHOL)

Al igual que Anurognathus, a pesar de pertenecer al suborden de los pterosaurios de cola larga o Ramphorhynchoidea, su cola era muy corta, lo cual indica que vivía en bosques densos donde una cola larga hubiera sido un estorbo. Vivió a finales del período Jurásico, hace entre 150 y 140 millones de años, en lo que hoy es Asia. Sus largos dientes en la parte frontal de la mandíbula indican que Jeholopterus probablemente se alimentaba de sangre, como los vampiros actuales (*Desmodus rotundus*).

ENVERGADURA: 1 metro

9

DORYGNATHUS
(MANDÍBULA DE LANZA)

Pterosaurio de cola larga o Rhamphorhynchoidea que vivió a principios del período Jurásico, hace entre 189 y 183 millones de años, en lo que hoy es Europa. Los dientes frontales de la mandíbula superior encajan a la perfección con los de la mandíbula inferior, convirtiéndose en un dispositivo ideal para capturar peces. Sus alas eran cortas y anchas.

ENVERGADURA: 1 metro

CRETÁCICO

Millones de años

DE 1 A 3 METROS

1

CAMPYLOGNATHOIDES
(MANDÍBULA CURVADA)

Pterosaurio de cola larga o Rhamphorhynchoidea que vivió a principios del período Jurásico, hace 180 millones de años, en lo que hoy es Asia y Europa. Este pterosaurio presenta grandes cuencas oculares, lo que sugiere que tenía una vista aguda y era posiblemente nocturno. Antiguamente se le conocía con el nombre de Campylognathus.

ENVERGADURA: 1,7 metros

2

NYCTOSAURUS
(REPTIL DE LA NOCHE)

Pterosaurio de cola corta o Pterodacyloidea que vivió a finales del período Cretácico, hace 85 y 70 millones de años, en lo que hoy es America. El tamaño de la cresta es espectacular. Algunos paleontólogos arguyen que en vida esta cresta debía de llevar una vela de piel que servía para las exhibiciones durante la época de apareamiento.

ENVERGADURA: 2,9 metros

3

GERMANODACTYLUS
(DEDO ALEMÁN)

Pterosaurio de cola corta o Pterodacyloidea que vivió a finales del período Jurásico, hace unos 150 millones de años, en lo que hoy es Europa. Presenta una cresta alta que le recorre la cabeza y el pico. Esta cresta probablemente estaba compuesta de una epidermis córnea, pero la parte de tejido blando no fue conocida al principio, la describieron por primera vez en 2002. Germanodactylus es el primer pterosaurio del cual se conoce un componente de tejido blando de la cresta, pero estructuras similares probablemente eran comunes entre los pterosaurios.

ENVERGADURA: 1,1 metros

④ PTERODACTYLUS
(DEDO-ALA)

Pterosaurio de cola corta o Pterodacyloidea que vivió a finales del período Jurásico, hace unos 150 millones de años, en lo que hoy es Europa y África. Fue el primer pterosaurio descrito. Sus restos fueron hallados en 1809 y al principio se creyó que se trataba de un murciélago gigante. Pterodactylus presentaba un claro dimorfismo sexual, los machos presentaban una cresta sobre la cabeza y las hembras no.

ENVERGADURA: 2,5 metros

⑤ RAETICODACTYLUS
(DEDO DE RAETIA)

Pterosaurio de cola larga o Rhamphorhynchoidea muy primitivo que vivió a finales del período Triásico, hace entre 216 y 203 millones de años. Se conoce por un solo esqueleto desarticulado encontrado en la región de Grisonia, en Suiza. Tal vez fue el mismo animal que Caviramus, otro pterosaurio, conocido sólo por una mandíbula inferior.

ENVERGADURA: 1,3 metros

⑥ PTERODAUSTRO
(ALA AUSTRAL)

Pterosaurio de cola corta o Pterodacyloidea que vivió a principios del período Cretácico, hace unos 105 millones de años, en lo que hoy es América del Sur. Sus mandíbulas son largas y finas. En vez de dientes hay un cepillo de hasta 500 cerdas largas y elásticas que servían para filtrar pequeños invertebrados igual que hacen los actuales flamencos. Y tal vez, igual que ellos, su pelaje debió de ser rosáceo.

ENVERGADURA: 1,3 metros

⑦ RHAMPHORHYNCHUS
(HOCICO CON PICO)

Pterosaurio de cola larga o Rhamphorhynchoidea que vivió a finales del período Jurásico, hace entre 150 y 148 millones de años, en lo que hoy es Europa. Sus mandíbulas presentan una serie de colmillos largos y tiene un pico puntiagudo que da origen a su nombre. Se alimentaba de peces que capturaba en pleno vuelo rozando la superficie del agua con su pico abierto.

ENVERGADURA: 1,7 metros

⑧ GNATHOSAURUS
(REPTIL MANDÍBULA)

Pterosaurio de cola corta o Pterodacyloidea que vivió a finales del período jurásico, hace unos 150 millones de años, en lo que hoy es Europa. Los numerosos dientes, más de 130, en las largas mandíbulas de este pterosaurio servían para filtrar pequeños invertebrados en aguas someras.

ENVERGADURA: 1,7 metros

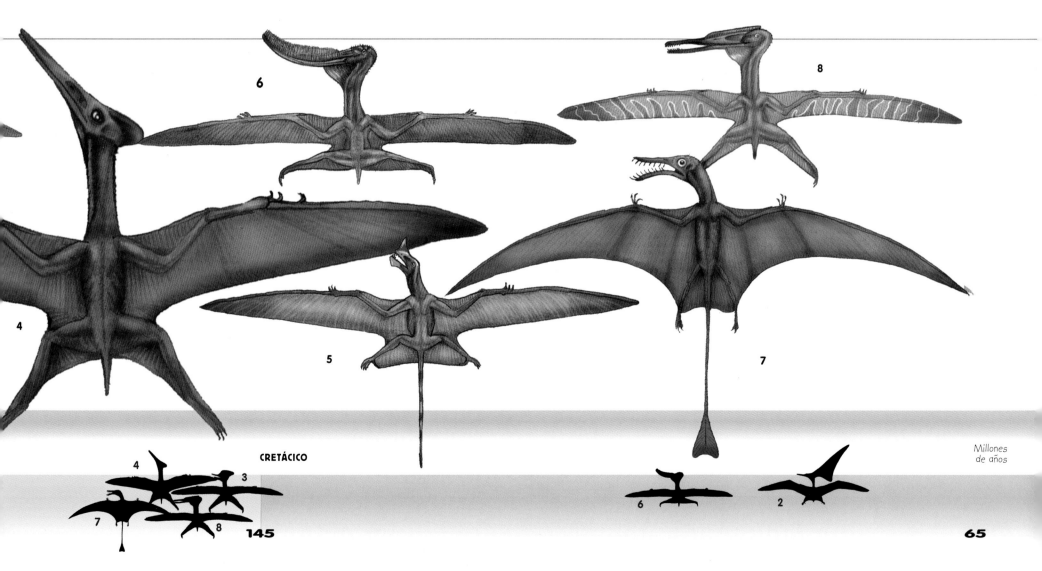

CRETÁCICO

Millones de años

145

65

DE 3 A 6 METROS

① THALASSODROMEUS
(CORREDOR DEL MAR)

Pterosaurio de cola corta o Pterodacyloidea que vivió a principios del período Cretácico, hace 108 millones de años, en lo que hoy es América del Sur. Algunos científicos opinan que se alimentaba de forma muy similar al actual rayador o pico tijera: arrastrando su mandíbula inferior en el agua mientras volaba. Su cresta debió de ser una gran estructura de exhibición durante la época de apareamiento.

ENVERGADURA: 4 metros

② TUPANADACTYLUS
(DEDO DE TUPAN)

Pterosaurio de cola corta o Pterodacyloidea que vivió a principios del período Cretácico, hace 112 millones de años, en lo que hoy es América del Sur. Fue descrito inicialmente como una especie de Tapejara, otro pterosaurio de cola corta crestado más pequeño, pero la investigación posterior indicó que era un género aparte. Sus mandíbulas son desdentadas y tal vez se alimentaba de frutas.

ENVERGADURA: 5 metros

③ CAULKICEPHALUS
(CABEZA DE CAULK)

Pterosaurio de cola corta o Pterodacyloidea que vivió a principios del período Cretácico, hace 130 millones de años, en lo que hoy es Europa. Sus dientes largos y finos indican que su dieta debió de estar basada en el pescado, pero sus restos fósiles fueron hallados en un sedimento que contenía residuos de plantas terrestres y esto es una posible indicación de que vivió en un hábitat terrestre.

ENVERGADURA: 5 metros

④ DSUNGARIPTERUS
(ALA DE DZUNGARIA)

Pterosaurio de cola corta o Pterodacyloidea que vivió a principios del período Cretácico, hace 145 millones de años, en lo que hoy es Asia. Su extraña mandíbula se ha interpretado como una adaptación para poder comer marisco. El estrecho pico curvado hacia arriba servía para arrancar las conchas de las rocas y unas protuberancias romas que presenta en lugar de dientes servían para triturarlas.

ENVERGADURA: 3 metros

3

2

4

1

5

⑤ GUIDRACO
(DRAGÓN FANTASMA MALICIOSO)

Pterosaurio de cola corta o Pterodacyloidea que vivió a principios del período Cretácico, hace 120 millones de años, en lo que hoy es Asia. Sus dientes son largos y adaptados para pescar peces. Presenta una cresta ósea parecida a la de los casuarios actuales, aunque no se conoce su utilidad.

ENVERGADURA: 4 metros

⑥ ANHANGUERA
(ALMA ANTIGUA)

Pterosaurio de cola corta o Pterodacyloidea que vivió a principios del período Cretácico, hace entre 112 y 94 millones de años, en lo que hoy es América del Sur, Europa y Australia. Anhanguera era una criatura piscívora, como indican sus dientes. Un estudio del cerebro de un espécimen especialmente bien conservado muestra que era un excelente volador, pues podía controlar la posición y la altitud del cuerpo mientras el animal mantenía los ojos fijos en una presa.

ENVERGADURA: 4 metros

⑦ ZHEJIANGOPTERUS
(ALA DE ZHEJIANG)

Pterosaurio de cola corta o Pterodacyloidea que vivió a principios del período Cretácico, hace 80 millones de años, en lo que hoy es Asia. Tiene un cuello largo y un cráneo enorme. Se alimentaba de peces, aunque algunos científicos opinan que era un carroñero en tierra firme.

ENVERGADURA: 5 metros

⑧ CRIORHYNCHUS
(PICO DE ARIETE)

Pterosaurio de cola corta o Pterodacyloidea que vivió a principios del período Cretácico, hace 80 millones de años, en lo que hoy es Europa. Pertenece a un grupo de pterosaurios que tienen crestas en el extremo de ambas mandíbulas y Criorhynchus fue el primero en ser descubierto. Las crestas servían para cortar el agua mientras el animal arrastraba el pico por la superficie en busca de peces.

ENVERGADURA: 6 metros

⑨ TUPUXUARA
(ESPÍRITU FAMILIAR)

Pterosaurio de cola corta o Pterodacyloidea que vivió a principios del período Cretácico, hace entre 112 y 108 millones de años, en lo que hoy es América del Sur. La cabeza mide más de 1 metro y es enorme en comparación con el cuerpo, pero gracias a los grandes agujeros que presenta es muy ligera. Un espécimen subadulto descrito en 2006 aún no tenía una cresta completamente desarrollada, lo que apoya la idea de que la cresta era un indicador de madurez sexual.

ENVERGADURA: 5 metros

CRETÁCICO

Millones de años

145

DE 6 A 12 METROS

1

GEOSTERNBERGIA
(TIERRA DE CHARLES STEMBERG)

Pterosaurio de cola corta o Pterodacyloidea que vivió a finales del período Cretácico, hace entre 88 y 80 millones de años, en lo que hoy es América del Norte. La característica más distintiva es su cresta craneal. El tamaño y forma de la cresta variaba debido a ciertos factores, incluyendo edad, sexo y especie. Las crestas eran probablemente estructuras de exhibición.

ENVERGADURA: 8 metros

2

COLOBORHYNCHUS
(PICO MUTILADO)

Pterosaurio de cola corta o Pterodacyloidea que vivió a principios del período Cretácico, hace 98 millones de años, en lo que hoy es América del Norte, del Sur y Europa. Al igual que otros representantes de la familia Ornithocheridae, tiene una cresta en forma de quilla en el extremo de ambas mandíbulas. Ésta servía para cortar el agua mientras el animal arrastraba el pico por la superficie en busca de peces.

ENVERGADURA: 7 metros

3

ORNITHOCHEIRUS
(MANO DE AVE)

Pterosaurio de cola corta o Pterodacyloidea que vivió a principios del período Cretácico, hace entre 112 y 108 millones de años, en lo que hoy es Europa y América del Sur. A diferencia que otros representantes de la familia Ornithocheridae, los dientes de Ornithocheirus son verticales en vez de situarse en un ángulo abierto. También tiene menos dientes que sus parientes.

ENVERGADURA: 6 metros

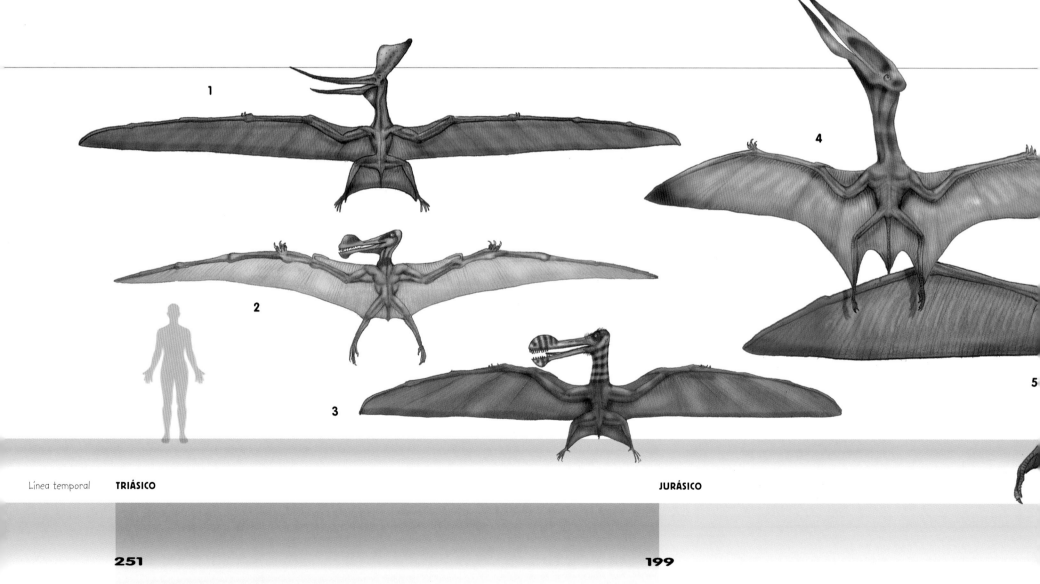

1

2

3

4

5

Línea temporal   **TRIÁSICO**

JURÁSICO

4 ALANQA
(FÉNIX)

Pterosaurio de cola corta o Pterodacyloidea que vivió a principios del período Cretácico, hace 95 millones de años, en lo que hoy es Àfrica. Sólo se conocen cinco fragmentos de la parte frontal de las mandíbulas superior e inferior y posiblemente una vértebra del cuello. Su pico no tiene dientes y es muy afilado. Seguramente, al igual que Quetzalcoatlus, era un carroñero.

ENVERGADURA: 6 metros

5 HATZEGOPETRYX
(ALA DE HATEG)

Pterosaurio de cola corta o Pterodacyloidea que vivió a finales del período Cretácico, hace 65 millones de años, en lo que hoy es Europa. Es el más grande de todos los animales voladores. Su cráneo mide 3 metros y su pico puntiagudo y sin dientes era utilizado para matar pequeños animales de los que se alimentaba. Posiblemente también era carroñero.

ENVERGADURA: 12 metros

6 PTERANODON
(ALA SIN DIENTES)

Pterosaurio de cola corta o Pterodacyloidea que vivió a finales del período Cretácico, hace entre 85 y 70 millones de años, en lo que hoy es América del Norte y Asia. Encontrado en 1870, es el primer Pterodactyloidea descrito. La cresta que presenta en la cabeza era mucho más pequeña en las hembras que en los machos, lo que sugiere que eran probablemente estructuras de exhibición.

ENVERGADURA: 7 metros

7 QUETZALCOATLUS
(EN HONOR AL DIOS QUETZALCOATL)

Pterosaurio de cola corta o Pterodacyloidea que vivió a finales del período Cretácico, hace 65 millones de años, en lo que hoy es América del Norte. Pese a su gran tamaño el esqueleto era ligero y el animal entero no debía de pesar más de 100 kg. El peso del cráneo se reduce al mínimo por la fusión del orificio nasal con la apertura de la órbita ocular. No se conoce exactamente su alimentación, pero se supone que, como las cigüeñas, se alimentaba de peces cerca de las orillas de los estuarios y también cazaba pequeños animales en tierras áridas.

ENVERGADURA: 11 metros

6

7

CRETÁCICO

Millones de años

3

2

4

1

6

5

7

Índice

ALXASAURUS
4 metros

Primera edición: noviembre de 2013

© del texto y de las ilustraciones: Roc Olivé Pous

© de la edición:
9 Grupo Editorial
Lectio Ediciones
C/ Muntaner, 200, ático 8ª – 08036 Barcelona
Tel. (+34) 977 60 25 91 / (+34) 93 363 08 23
lectio@lectio.es
www.lectio.es

Diseño y composición: Barreras & Creixell, scp

Impresión: Cachimán Gráfic
ISBN: 978-84-15088-96-7
DL T 1158-2013

EUROPASAURUS
(REPTIL DE EUROPA)

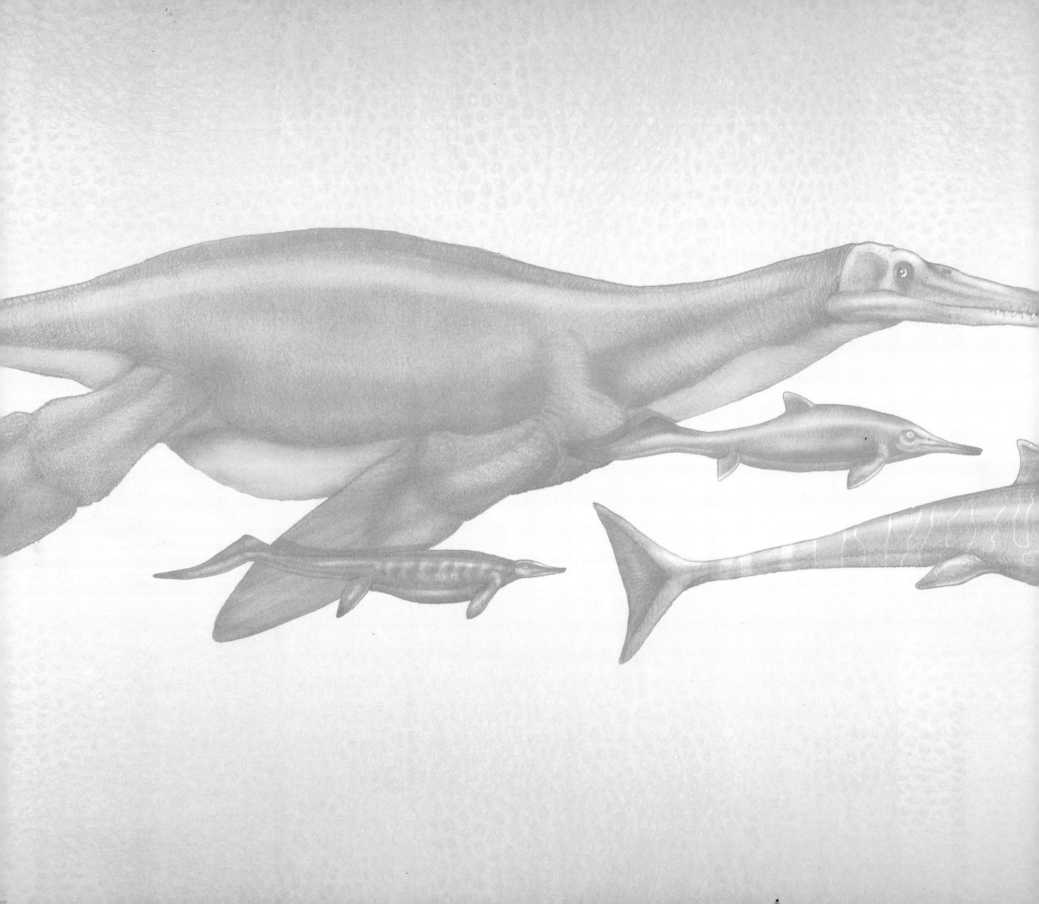